田中優介

TANAKA Yusuke

その対応では会社が傾く

プロが教える危機管理教室

970

新潮社

はじめに

皆さんは尾行されたことがあるでしょうか。

私は中学生の頃、探偵とおぼしき男に尾行されて、目の前でフラッシュを焚かれて写真を撮られたことがあります。何も悪いことをした覚えはありません。ひとえに父親の仕事と関係しています。

その仕事とは「危機管理」です。

父は五歳の時に愛知県の知多半島で伊勢湾台風に遭遇。隣家まで高潮が押し寄せ命からがら避難。その年に両親が離婚。その後も家庭が安定せずに、母と呼ばされた女性が合計四人いたと聞いています。主な原因は貧困。家業がうまくいかずに、澱粉の問屋、織物の販売、運送屋、鉄工所へと、廃業と倒産を何度も重ねたそうです。幼い頃から危機の連続だったのです。

社会人になっても、危機は続きました。

特に、リクルート社に転職して以降は、転属の度に危機に遭遇することとなります。広報課長の時には読売新聞の報道が発端となり、リクルートの土地取引を巡る問題が批判にさらされました。総務部の次長時代には、創業者の江副浩正会長宅への発煙筒投入事件が起きました。危機管理を担う業務部長になると、リクルート事件が勃発。東京地検特捜部の事情聴取も受けたとのことです。未公開株を政治家などに譲渡した時期、秘書課長をしていたからでした。

その後、化粧品会社のノエビアに転職すると、阪神淡路大震災の対応に忙殺されることとなりました。同社の本社機能が神戸にあったからです。常に危機がつきまとう人生でした。

そんな父に比べると、私の人生は概ね平穏なものとはいえ、それなりに特殊な経験をしてきました。

先ほど述べた通り、中学生の時には尾行されて写真を撮られました。家に炭疽菌を装った白い粉が送られてきたこともありました。父への嫌がらせが目的だったようです。

後者については当時、メディアで報道もされました。

そんなこともあって、父は私が中学生の頃から、危機への対処法を伝授しようとしてきました。ノウハウをワープロ打ちして、私に渡し続けたのです。尾行か否かを見破る方法から警察やマスコミとの接し方など、それはＡ４用紙二〇〇枚を優に超す枚数となっています。

本書のベースとなっているのは、この資料です。さらに私自身のお客様相談室や広報の経験、そして危機管理コンサルタントとしての経験を加味して、危機管理の総てを書き尽くしてみたいと思います。

新型コロナウイルスのパンデミック。東日本大震災以降も続く大きな地震、異常気象による天災。理不尽な犯罪、交通事故。不当なクレーム、訴訟。

こちらに何の落ち度がなくても、危機は突然襲ってきます。

また、一方で所属する組織の不正行為、あるいは自分自身のミスによって、危機を招いてしまうこともあります。

データだけ見れば、今でも日本の治安は良く、インフラも整備されています。平均寿命も依然として高い。しかし、一方で災害は頻発していますし、不条理な事件、事故も少なからずあります。さまざまなハラスメントが誕生し、ポリティカル・コレクトネス（政治的正しさ）を求める声も強くなる一方なので、組織は炎上対策を始め、ディフェンス力を強めざるを得ない状態です。個人ですらSNSによって、いつどこから攻撃されるかわからない状況です。

その前提を踏まえると、国民一人一人の危機管理についての基礎教養を高める必要がある。これが本書の執筆の動機です。

危機管理というのは、本質をつかみ、一定の経験を積んで理論（＝定理や方程式）を知っていれば決して難しい業務ではありません。**私は危機管理を行う企業に「感知・解析・解毒・再生」という四つのステップを意識して行動することを提唱しています。場当たり的な言動をしてしまわないためです。**

このステップは品質管理を成功させるPDCAという手順に似たものです（P：Plan計画、D：Do 実行、C：Check 評価、A：Action 改善）。

危機を敏感に感じ取ったら入念に事実を調べて知る。これが「感知」です。

事実に基づいて展開の予測をしたら対応の方針を決める。これが「解析」です。方針が固まったら最も有効な解決策を練って実行する。これが「解毒」です。最後に取り組むべきは、同じ過ちを繰り返さずに失った信頼を回復させる対策を打つ。これが「再生」です（詳細は拙著『地雷を踏むな』新潮新書）。

更に、この四つのステップを確実に踏んでいく際にも、便利な定理や方程式がありますす。それを知っておけば危機管理での失敗のリスクは下がります。追って詳しくご説明しますので、ここでは覚えておくべき理論を羅列しておきましょう。

感知――「現場は必ず嘘を言う」「露呈した不具合は氷山の一角」「水平・垂直に事実を調べる」

解析――「二つの見えにくい罪がある」「二つのトウソウ本能に留意せよ」「岸の発想を持て」「被害者は社会的な弱者か否か」

解毒――「公益を意識して語る」「被害者の気持ちを自ら代弁する」「作用と反作用に留意する」「痛みのバランスをとる」「反省・後悔・懺悔・贖罪」「(被害者は）癒される・腑に落ちる・受け入れる・忘れようとする」「再発防止はフールプルーフとフェイ

ルセーフで」

再生――「オーバーシュートを避ける」「予め再出発の策を仕込む」「ステークホルダーへの根回し」

こうした理論を危機管理の道路標識やハザードマップだと思って、活用して頂きたいと思っています。

読後、皆さんが「特技は危機管理」と言えるようになることを心から望んでおります。

その対応では会社が傾く——プロが教える危機管理教室◇目次

第四章　生存競争のために必要な八つの能力　152

付録：危機管理の要諦　185

第一章　危機管理の全体を理解する

政界、財界からスポーツ界まで

基本的に危機管理に奇策は必要ありません。「良心に従って、当たり前のことを当たり前に行う」ことが大切です。では何故、政界、財界、芸能界、スポーツ界の著名人の皆さんが、ことごとく失敗を重ねてしまうのか？　日常の仕事においては、極めて緻密で有能な方々が……。

失敗する背景には様々な理由があるでしょう。しかし、危機というものが非日常的であり、突然襲ってくるからに違いありません。ですから、思い付くままに〝行き当たりばったり〟な対応をしてしまうのです。まるで、初めて行く場所へ、勘に頼って車を走らせるようなものです。そのうちに方向感覚も失って、自分の居る場所すら分からなくなってしまいます。

二〇二一年に無免許運転が発覚したのち、常習犯であることが発覚した木下富美子元東京都議会議員は、まさにそんな様子でした。記者会見などでの彼女の対応を見た多くの国民は、「いったい何をしたいのか？」「何を言っているのか？」と不思議に思ったでしょう。

しかし、当の本人は至って真剣なのです。その象徴的な発言をご紹介しましょう。まずは辞職の会見でのことです。彼女は「仕事をしたくても、させてもらえない理不尽な現実があった」と不満を漏らし、辞職に傾いた気持ちを語りました。本音かもしれませんが、謝罪の場で「理不尽」などと言う意図が分かりません。

続いては第一回目の公判の場面です。検察から交通違反を重ねた理由を聞かれると、「おっしゃるほど（違反は）沢山でしょうか？」と逆に問い掛けたのです。裁判官に与える悪印象を考えなかったのか？　その心境が理解できませんでした。

この二つの発言は、危機管理を〝行き当たりばったり〟で行うことの問題点を示している。そんなふうに私の目には映りました。それと同時に「彼女の手元に危機管理の地図、すなわち理論があれば避けられたはずだ」とも思いました。〝謝罪会見も法廷も常に解毒を念頭に置くべし〟という危機管理の理論を知っていれば、異なる対応ができたはずです。

それでは、彼女の二の舞いを防ぐ為に、危機管理における失敗の要因と成功の秘訣を、高い位置から見渡してみましょう。

危機管理に失敗する五つの要因

私は社会人になってから十余年、一貫して危機管理に関連する仕事に従事してきました。最初の五年は大手企業でクレーム対応やメディア対応にあたりました。退社後、父の経営するリスク・ヘッジに入社し、危機管理のコンサルタントとして働くようになりました。この経験から感じ取ったのは、危機管理の失敗には、いくつか共通するものがあるということでした。注意するポイントは五つあります。いずれも、危機に際してやってはいけないのに多くの人がやってしまうことや陥りがちな思考です。

①気が動転して思考停止に陥る

木下元都議の無免許運転が発覚したのは、交差点での事故がきっかけです。この時彼女は現場から逃げてしまいました。

事故当日、選挙戦で木下氏を支えた区議会議員にも「今回の事故で免許停止になった」と嘘をついたとされています。無免許じゃなくて免許不携帯だ、と主張したようです。おそらく気が動転していたのでしょうが、こんな嘘は通用しません。

監視カメラやドライブレコーダーが普及した時代では逃げ切るなんてできませんし、警察官も当然調べますので、免許停止中であることはすぐに発覚します。このレベルの稚拙な嘘で乗り切ろうなんて、思考が停止していたとしか思えません。

大企業においても思考停止に陥ることは珍しくありません。近年では、約半年の間に八度ものシステム障害を起こした、みずほ銀行のケースが印象に残っています。信頼回復する上で大切な謝罪会見にもかかわらず、「原因はよく分からない」とトップが回答。責任の取り方を問われても、「責任は再発防止をすること」と、不適切な発言を繰り返したのです。記者はシステム障害を起こした過去の責任を聞いているのに、再発防止という未来の責任を語ったわけです。

この姿勢に金融庁の堪忍袋も緒が切れ、四度目となる業務改善命令を受けてしまいました。

思考の停止は危機に直面した時に、誰の身にも起きてしまう可能性があります。例えば火事が起きた時、テレビを抱えて家を飛び出したなんて話を聞きます。大地震が起きた時に、車で避難してしまうのも、的確な判断とは言えません。道路は渋滞しますし、瓦礫で行く手を阻まれてしまいますから。渋滞の光景は、大地震の度に放映されます。にもかかわらず、その瞬間には頭に浮かばないのです。

多くの人は、こうした他人の「思考停止」を見て「なぜ冷静に立ち止まって考えないのか」「なぜ普段から準備しておかないのか」と思うはずです。しかし、私もあなたも、人間は誰でもいざという時には、気が動転する生き物なのです。

②事態の展開の予測を誤る

思考が停止していなくても判断を誤ることは少なくありません。クレーム対応の現場でも、しばしばそういうことが起きます。相手が自分と同じ価値観や思考の持ち主と勘違いして応対した時です。そのような期待を捨てて、むしろ自分との違いを敏感に感じ取って、相手の次なる言動を予測し、備えなければならないのです。

平身低頭、丁寧に説明して謝れば理解してもらえる、といった展開を予測すると、往々にして失敗します。普通の人ならばそうであっても、執拗なクレーマーの場合にはそのような展開は期待できません。

執拗といえば、マスコミの記者の皆さんは更に上をいきます。情報を得るためなら、どこまでも食らいついてくる。それを象徴する出来事は、雪印乳業の食中毒事件（二〇〇〇年）の時に起きました。長い謝罪会見を終えて会場を後にした社長。安堵したのも束の間、新聞記者がエレベータまで追いかけてきた。それに苛立った社長がつい口を滑らせました。

「私は寝てないんだ！」

記者が追いかけてくる展開を予想していなかったからでしょう。しかし、この発言は食中毒そのものよりも、雪印乳業のイメージを悪化させてしまいました。

新聞記者は取材のプロですから、完全に自分の家の中に入って、扉を閉めるまでは油断してはいけません。「夜討ち朝駆け」と呼ばれる取材は今でも珍しくありません。深夜まで帰宅を待っていることもあれば、早朝から出社の瞬間を狙うこともあります。彼らの動きを予測しておかなければ、太刀打ちできません。

自然災害についても同じ発想が必要です。「これまで起きなかったから」という楽観論ベースではなく、「これから何が起きる可能性があるのか」を検討した上で行動を起こす必要があるのです。

たとえば、避難する場所。避難所の場所を確認しておくだけでは不十分です。ペットを飼っている方は、ペットをどうするかを考えておかなければならない。大勢の人に囲まれた状態で眠れないことも覚悟しなければなりません。それが嫌なら駆け込むホテルを事前に調べて、スマホに登録しておくことです。地震が起きてから調べているようでは予約できない可能性大です。**展開を予測しておかないと、後手に回ってしまうのです。**

③多方面からの助言に惑わされる

日産自動車にCOOとして招かれ、見事に同社の再生を果たしたとされるカルロス・ゴーン氏も、今では被告人であり逃亡者になってしまいました。

同氏が日本国民を驚かせたのは、東京拘置所から保釈された時のこと。待ち構えていたマスコミの前に現れたのは、作業服姿のゴーン氏でした。黒縁のメガネで変装していましたが、印象的な目元に誰もが気付きました。そもそも、四～五人の職員や警察官に囲まれて出てきましたので、その真ん中にいる人物が誰かは一目瞭然でした。

この変装を提言したのは同氏の顧問弁護士でした。「三大刑事弁護人」の一人と呼ばれる著名な方です。本人がブログで「すべて私が計画して実行したもの」と明かしています。保釈後の住居を知られないための、苦肉の策だったようです。

しかし、この変装劇によって、日本国民の同氏への評価は低下してしまいました。結果として「こそこそ逃げ回っている間抜けな悪党」といったマイナスのイメージを強化してしまった。画策した弁護士も「私の未熟な計画のために彼が生涯をかけて築き上げてきた名声に泥を塗る結果となってしまいました」と反省の弁を述べています（私は、提案を受け入れた本人の問題だと思いますが）。

企業が不祥事を起こした時の危機管理でも、様々な助言を真に受けて裏目に出ることがあります。創業者や大株主からの提言、同業他社のトップからのアドバイス、メインバンクからの提案など。いずれも無視しにくいものです。しかし、危機管理の専門家ではない様々な人の意見に耳を傾けると、「船頭多くして船山に登る」となります。

助言に耳を傾けるなというのではありません。窮地に陥った際、危機の際にこそ助言を精査する必要が高まるのですが、往々にしてその逆の行動を取ってしまうことが多いことを忘れてはいけないのです。

④罪の重さの変化を見落とす

サイバー攻撃などで顧客情報を盗みだされた企業が、〝被害者〟のごとく振る舞う記者会見を見掛けることがあります。確かに被害者ではありますが、顧客から見れば〝杜撰な管理をしていた加害者〟でもあります。しかも、これだけ個人情報の保護が重要視される時代になると、杜撰な管理の罪は一段と重くなったと認識しなければなりません。

熱海の土砂災害（二〇二一年）における静岡県の知事や副知事の発言にも同様の問題を感じました。災害のもとになった盛り土をした業者のせいにするような主張をしていたからです。その主張には、一定の理はあるのでしょう。しかし、そのような状況を許してしまった責任は行政にもあるはずです。広島市北部での土砂災害による甚大な被害を目の当たりにした後に、管理のレベルを厳しくしなかった罪は極めて重いのですが、盛り土をした業者の批判ばかり。そんな姿勢では県民からの信用は得られません。ちなみに、こういう他者に責任を分ける姿勢を弊社では「他分け《たわ》」と呼んで企業に注意喚起しています。「他分け」をしても、決して己の責任は軽くなりません。

数年前ならば被害者として同情されたような案件でも、現在ならば加害者と認定されてしまうことは決して珍しくありません。常に「罪」についての常識をアップデートする必要があります。

⑤二つのトウソウ本能に支配される

二つのトウソウとは「闘争」と「逃走」です。日本大学アメフト部の危険タックル事件の折に、監督やコーチは非を認めずに闘う姿勢を前面に押し出しました（闘争）。そして、田中英壽理事長（当時）は逃げ回って謝罪会見を開きませんでした（逃走）。

前述の通り、危機管理では「感知・解析・解毒・再生」という四つのステップを踏んで行うのが基本です。危機を素早く「感知」し、現状と展開を「解析」した後に、詳しい説明や謝罪などで「解毒」したうえで、窮状からの「再生」を図る。どのような危機においても、このステップを踏まなければなりません。しかし、日大問題では関係者が解毒を怠ったために、かえって事態を悪化させてしまいました。

不祥事を起こした企業も、二つのトウソウ本能に支配されて、しばしば危機管理を失敗します。

二〇〇五年に起きた耐震強度偽装事件に関わった、マンションデベロッパー会社がこの罠に落ちてしまいました。裁判の結論は、建築士が勝手に偽装を行ったと断罪。デベロッパー会社社長も〝偽装を知りつつマンションの引き渡しをした罪〟で、懲役三年執行猶予五年の判決を受けました。

社長の認識としては、建築士が勝手に行った偽装なので、自分が批判を受けることに納得できなかったのでしょう。マスコミの取材に対しても、社長は「自分は被害者だ」との主張を繰り返しました。衆議院における参考人招致では、関係者に「なに言ってるんだ、バカヤロー」と怒鳴り声をあげる場面もありました。完全に闘争モードになっていたのでしょう。しかし、そのツケは大きく、同社は経営破綻に追い込まれました。

逃走モードに陥ってしまったのは、エアバッグのタカタでした。同社は二〇〇八年頃から不具合が指摘されていたにもかかわらず、二〇一五年まで隠し続けて、情報開示やリコールをしませんでした。結局、しびれを切らした納入先のホンダが、先にリコールを発表するという異例の展開となりました。そんな展開の末、タカタはカーメーカーから見放されてしまったのです。当然ながら、世界シェアの二割を誇っていた同社も、あえなく経営破綻に追い込まれました。

危機発生時にまず問うべき五つのポイント

①～⑤はそのまま危機が発生した際のチェックポイントになります。あなたの所属する組織が、あるいはあなた自身が何らかの危機に見舞われた際、その後の行動を考えるうえで、以下の点からチェックをしてください。

①思考停止に陥っていないか。あらゆる可能性を検討しているか
②今後の展開を冷静に予想できているか。希望的観測に基づいていないか
③寄せられた助言を冷静に評価できているか。鵜呑みにしてはいないか
④古い価値観や常識で「罪」を評価していないか。軽視してはいないか。他人のせいにして済ませようとしていないか
⑤トウソウ（闘争・逃走）本能に支配されていないか。問題の本質を正視しているか

成功のための二つの課題

危機管理で失敗する要因を五つご紹介しました。では、その五つを避けて通れば良いのかといえば、そんなに簡単ではありません。ゴルフでＯＢやバンカーを避けることは

大切ですが、その前にショットやパットの練習を積む必要があります。危機管理も全く同じで、日頃から地道な努力を重ねておかなければなりません。

ところが、危機管理には練習場がありません。私の場合でいえば、父に聞けば教えてはくれますが、それは耳学問にしかなりません。手探りで私が辿り着いたのは、二つの課題に取り組むことでした。それを順番にご紹介していきます。

①危機管理の理論を習得する

危機に遭遇した方々からよく聞く言葉、それは「頭が真っ白になってしまった」です。だから、〝行き当たりばったり〟になって、危機管理の迷子になってしまうのでしょう。

前項では、危機発生時の五つのチェックポイントを並べました。このように危機管理のそれぞれの局面でチェックすべきポイントや踏むべきステップが存在します。危機管理の理論とはこうしたものを指します。

たとえば、**リスク・コミュニケーションの一つである謝罪会見は、危機管理の四つのステップ（感知・解析・解毒・再生）の中の解毒のために行うものです。**

ですから、ステップを丁寧に順番通り行っていけば何を語るべきかは見えてきます。

ところが、失敗する方の大半は、詳しく事実を掌握しない。掌握しても罪の重さの解析が足りない。その段階で謝罪会見を開いてしまうため、「原因はよく分からない」とか「責任は再発防止をすること」などと、中途半端な解毒の言葉になってしまうのです。ステップを蔑ろにすることは許されません。三つ目のステップとして〝解毒に徹する〟という姿勢が必要なのです。

細かくいえば、確実に解毒をするためにも「反省・後悔・懺悔・贖罪」という四つのステップがあります。この順番を間違えると解毒はできません。ところが、懺悔をしないで贖罪を先にする、そんな愚かな失敗を、私は何度も見聞きしてきました。

社員に自殺された企業は、往々にして早く解決したい一心で、遺族との和解を急ぎます。しかし、それでは自殺の理由を知りたいご遺族を、「お金で済む問題か！」と激怒させてしまうのです。

森友学園の公文書改ざん問題における政府の対応も同じでした。財務省の職員だった赤木俊夫さんの妻が起こした損害賠償訴訟で、当初争う姿勢を見せていた国が、唐突に賠償を認諾しました。この場合の懺悔には、事実を明らかにすることが必要でした。しかし、その作業を放置したまま贖罪に進んだので、当然ながら、赤木さんの妻の怒りは全く収まりません。それどころか、火に油を注ぐ結果となってしまいました。金銭が目的ではなかったからです。

理論から外れた危機管理の実例と言えましょう。この四つのステップについては第二章でも触れます。

企業に対するクレームでも、金銭目的ではなく、不具合の原因や再発防止策を求めるものが決して少なくありません。にもかかわらず、手間を省くために交換や返金で片付けようとする。いわゆる、クレーマー扱いをしてしまうのです。その結果、善良な顧客とまで拗れるケースが少なくありません。時計メーカーで数多くのクレーム対応をしてきた私の、率直な印象であり反省でもあります。

ちなみに弊社では、約一〇〇（細かく分解すれば約二〇〇）ほどの理論を基にコンサルをしています。数を聞くとギョッとするかもしれませんが、全部を覚えるのに、それほど時間はかかりません。本書ではその理論の一端をご紹介しているというわけです。

②他者（他社）の事例を疑似体験する

仕事の面でも私生活の面でも、深刻な危機というのは滅多に遭遇するものではありません。したがって、自らの経験から多くを学ぶことは難しいと言えましょう。では、どうしたら良いのか？　方法は一つしかありません。他者の事例を「対岸の火事」にすることなく「疑似体験」するのです。

たとえば、ビルへの放火で人が亡くなる痛ましい事件が起きた際、人として哀悼の意を捧げるのは当然のことです。しかし、危機管理を担当する人は、そこで終わってはいけません。自社が入っているビルが被害に遭ったビルと同じように、逃げ場が一つしか無い建物だった場合、同じような放火が起きる場面を想定して、可能な限りの予防策と最善の撃退策を考案しなければなりません。そして、発生した場合の模擬訓練も計画する必要があります。これが疑似体験なのです。

謝罪会見などの直前になって、メディアトレーニングという模擬訓練を行う企業が少なくありません。服装や頭の下げ方から始まり、新聞記者のOBによる質問責めなどを受けるのです。あるいは、広報部が作った分厚いQ&Aを、徹夜して覚えるなどの対策も行います。

残念ながら、どちらもほとんど効果がありません。それどころか一夜漬けの試験勉強と同じで、疲弊して頭の働きが悪くなることも珍しくありません。時には謝罪会見が怖くなったトップが逃げ出すことすらあります。

それよりも、普段から最近発生した他社の事例を取締役会の議題にして、対応の疑似体験をしておくと良いでしょう。自分たちならどんな初動を行い、どの段階で会見を開いて、何を語るのか？　「感知・解析・解毒・再生」や「反省・後悔・懺悔・贖罪」に沿って意見を出し合えば、会見のあるべき姿が見えてくるはずです。そして、Q&Aではなく、Q&P（ポリシー）を議論する。ポリシーさえ固まっていれば、どんな質問にも揺るがない回答ができるからです（後述）。

たとえば香川照之氏のように醜聞に関する取材がマスコミから来たら、あなたはそれを受けるのか、断るのか？　松本純元国家公安委員長のように、緊急事態宣言下の〝銀座はしご〟を週刊誌から取材されたら、どのような言動をするのか？　木下富美子元都議会議員のように、選挙期間中に無免許で事故を起こしたら、立候補はどうするのか？　これらは答えが簡単な部類の事例ですので、初心者の疑似体験には最適です。

危機管理に必要な技能を磨く

危機管理を成功させるには、理論や疑似体験だけでなく、日頃から意識して技能を向上させる心がけが必要です。

私自身はどちらかと言えば楽観的で、他人に干渉しないタチで、何事にもじっくり取り組むタイプです。しかし、危機管理においては、それがネックになることを思い知らされました。そんな私の反省をふまえて、三つの技能を意識的に磨くことをお勧めしたいと思います。

①展開の予測力

今後何が起きるのか？　誰がどんな動きをするのか？　ある程度それを予測できなければ、リスクの予防ができませんし、事後の的確な対策も打てません。楽観的な予測だけするのは禁物です。常に、悲観的予測と標準的な予測と楽観的な予測をした上で、起きてくる現実と突き合わせて展開を予測しなければなりません。その予測に欠かせないのが、人間や人間社会への洞察力です。洞察力を高めるためには、様々な事例を疑似体験して学んでいくしかないでしょう。そのためには歴史から科学まで総合的な教養が求められます。

新型コロナウイルスのオミクロン株は最初に、南アフリカやイギリスで流行しました。

南アフリカの感染者のピークは一日に約二・五万人で、イギリスの感染者のピークは一日に約二〇万人。いずれも人口は日本の約半分。すると、季節や過去の感染者数を勘案して悲観的に予測したら日本でも一日に二〇万人の感染者。それが私の見立てでした。標準的な予測では一〇万人で、楽観的予測なら二万人でした。数が当たっていたか否かは微妙ですが、それは問題ではありません。

政府や地方自治体に求められるのは、三つの予測を立てた上で、悲観的な予測に耐えられる検査キットや入院病床の準備を進める姿勢です。それが危機管理というものです。

南海トラフの大地震が発生したら、新幹線はどうなってしまうのか？　富士山が大噴火したら、通信機器は稼働できるのか？　それぞれについて三つの予測を立てて備えないと、企業の事業活動および個人の生活は危うくなってしまいます。

今の時代は事例に事欠かないので、展開の予測力を高める好機と言えるのではないでしょうか。弊社では毎週月曜日の午前中に〝展開の予測会議〟を行っています。この会議では三名の取締役が「楽観論者」「悲観論者」「標準論者」の役割に就いて、感覚的ではなく明確な根拠を示して予測を語ります。そして、時間の経過とともに根拠が崩れないかに注目して、どの予測が正しいかを選択し体制を整えていきます。

②人心を掌握する話術

企業でのクレーム対応のコツは、顧客の心を摑む話術にあります。たとえばお客様相談室に電話が入った時に、冒頭に「何かお困りのことがありましたでしょうか？」という言葉から会話を始める。あるいは、顧客から販売員の応対の悪さを指摘されたら、「弊社の愚か者がどんな事をしでかしたでしょうか？」と訊ねる。また、ミスをしてお得意先から「お前は馬鹿か！」と叱られたら、「私も自分をバカヤローと怒鳴ってやりたい心境です」と答える。すると、相手の怒りを少し吸い取ることができます。

心構えとしては、「相手の言葉をバットで打ち返さずに、一旦はミットで受け止めてから返す」となります。もしも、反対意見を言う必要があるなら、「YES、BUT」方式にする。たとえば、ムリな提案をされても、「それは出来ません」と言うよりも「良いご提案かと思いますが、私の一存では決められないので少しお時間を下さい」と回答するのです。相手の「無下に撥ね付けられた」という印象を少しでも減らすためです。

マスコミ対応においても同じ発想が必要です。「ノーコメント」なんて木で鼻を括った回答は最悪。回答できない場合は、その理由を丁寧に話すべきです。

たとえば、捜査や裁判が始まっている時に、マスコミから取材があった場合には「捜査が始まっているので回答を控えさせて頂きます」というコメントが多用されます。しかし同じことを言うのでも、「裁かれる立場の私どもとしましては、司直を尊重するという立場から回答は控えさせて頂きます」のほうが良いと思います。あるいは、「会社がコメントを出すことによって、裁判に弊社から出廷する証人に影響を与える恐れがありますので」と、ある程度理由を言ってお断りするべきかと思います。

人の心を摑む話術は、言われた側の心理を読む力と、言語能力にかかっています。しかし、多種類の危機の経験はそうそう実際にはできません。したがって、危機管理に適した言葉を身に付けるには、やはり他社事例の疑似体験が最適であると思っています。

よほどの才能の持ち主でない限りは、すべてをアドリブで対応するのは不可能です。普段から、いくつかのフレーズを頭に入れて、使うようにしたほうがいいでしょう。この項の冒頭で触れた「何かお困りの～」もその一つです。こうしたフレーズを状況に応じて取り出せるようになるのが望ましい。その能力の向上には擬似体験が必要です。

③整理して事務処理をする能力

危機管理とは緊急事態への対処ですから、事務処理のスピードが生命線となります。とはいえ、拙速は禁物です。ならば、どうしたら良いのか？　答えは〝段階的に行動を起こす〟という方法です。

たとえば、食品会社で食中毒や異物混入の疑いが生じた場合。情報開示が遅れてしまうと、被害が拡大して取り返しのつかない状態になってしまいます。しかし、事実や原因が分からないうちに発表すれば、無用な混乱を招きますし、要らぬ損害を発生させる可能性もあります。そんな時には、まず「現時点で」と断った上で、判明している事実と原因を公表する。それと同時に、今後の調査の予定および次回の情報開示の予定を示しておくと良いでしょう。

経営者や社員が刑事事件の容疑で逮捕された場合、「現時点で」と断った上で、判明している事実や基本的な個人情報だけをマスコミに公表する。それと同時に、容疑が濃い場合は「次回の情報開示は起訴の段階です。そこでは、もう少し詳しい情報を出します。その次は一審の判決が下された時に行います」と告げるのが常道です。なぜなら、マスコミは特ダネを追いかけますが、自社だけが記事にできない〝特落ち〟を嫌います。

次回を予告すれば記者に安心感を与え、過激な取材を抑制できるメリットもあります。

情報開示を何段階かに整理する能力を発揮すれば、消費者やマスコミから「誠実で仕事が早い」という評価を得られます。そんな評価を得られれば、危機管理の半分は成功したようなものです。

情報開示の整理とともに、発表する資料の整理も大切です。ややもすると大企業は、記者会見で配る資料なども専門用語を駆使して作ってしまいます。しかし、記者の側は〝かみ砕いて〟読者に伝える必要があります。読者から難読な記事は嫌われるからです。ですから、図解なども併用した、目で見て分かるような資料が必要なのです。したがって、整理をして事務を処理する能力は、危機管理の大きな助っ人となりますので、その技能を磨いて頂きたいと思います。

こんな書き方をすると、「そんな能力を身に付けられるのか？」と不安に思われるかもしれませんが……大丈夫です。次章以降でご紹介するゼミナール方式の疑似体験を続けていけば、自然に備わっていくことでしょう。

第二章　危機管理ゼミナールⅠ　基礎理論編

他者事例を疑似体験する

この章では対話型の授業のように、実践的に解説していきたいと思います。これは、他者事例の疑似体験に近いものでもあります。

場面設定は、大学のゼミの授業。登場するのは、教授と経験豊富な顧問および大学生です。私が教授で、社外から招聘した顧問が私の父。学生は四名。

内容は弊社が日々行っているコンサルティングの中で、実際に交わされた会話を参考にして描いてあります。全体的には読みやすさを意識して、軽いタッチの会話にしています。しかし、一つ一つの言動に、危機管理の危うさや難しさを詰め込んであります。そんな視点で読み進めて頂ければ幸いです。

■危機管理ゼミナール
担当教授　田中優介
顧　　問　田中辰巳
学　　生　田貫利行（特徴：理論的で冷静）
　　　　　岐常勝子（特徴：勝ち気）
　　　　　宇崎　舞（特徴：要領が良い）
　　　　　亀井一人（特徴：マイペース）

リスクマップの作り方

教授：企業の危機管理は、医療行為と似ています。宇崎さんの家は病院でしたよね。お医者さんであるお父さんは、どんな手順で仕事をしておられますか？
宇崎：どんなって……。まず診察をして、色々な検査をして、病気ならばお薬を処方する。簡単に言えば、そんなところかと思います。
教授：そうでしょうね。危機管理も、ほぼ同じなんです。悪い情報に接したら、敏感に察知して詳しく調べる。これを〝感知〟と言います。調べた結果に基づき、深刻さの評価と展開の予測をする。これは〝解析〟ですね。解析の結果に従って、最適な解決策を打つ。これを〝解毒〟と呼んでいます。最後に、失ったものを元に戻すと同時に再発の芽を摘む。それが〝再生〟です。

このゼミでも、できるだけこの順番で議論を進めていくことにしましょう。ただそれだけでは飽きるので、一部は脱線もありますが。今回は、まず危機が発生する前の洗い出しに関する話です。まず、自分自身が遭遇しそうな危機を、討論によってリストアップして下さい。

岐常：新型コロナの感染。首都直下地震。集中豪雨。私の実家は田舎だから、最近は熊に襲われるなんて危機もあるわよ。

亀井：それって、天災ばかりだけど、僕は人災が怖いね。放火だとか電車の中の暴力。あおり運転とかも怖いよね。

宇崎：私の友達が詐欺にひっかかったの。ネットで。お金を振り込んだけど、品物が届かない。問い合わせをしたけど、全く音信不通になったと言ってた。

教授：いま皆さんが出した危機は、自分が被害者になるものばかりですね。加害者になる危機は無いのかな？

田貫：自転車で歩行者と衝突して老人に大怪我をさせた。それで、五〇〇〇万円とか一億近い賠償の判決が下った。そんなニュースを見た記憶がありますね。少し前に、ウーバーイーツの配達員も死亡事故を起こしたね。

岐常：千葉のゴルフ練習場の鉄柱が倒れて、近所の家を壊した。あれは台風が原因だけど、練習場が責任を負って弁償した。そんなニュースもあったわね。

教授：そういうケースが危機管理では最も難しいのです。練習場は台風の被害者でありながら、一方では近所の家への加害者でもある。同様のことは、著名な企業でもよくあります。顧客情報を盗まれた時に、被害者面をしてしまう。顧客からしたら、杜撰な管理をしていた加害者でしかない。だからトラブルに発展する。**私はこれを〝加被害混合案件〟と呼んでいますが、危機管理の鬼門とも呼ぶべきものなのです。**

亀井：ネットのデマや批判記事をリツイートしたなんてのもそれに近いかもしれませんね。当人は本当だと信じて、正義の味方のつもりで広めたら、実はフェイク情報で、後から当事者に訴訟を起こされる。騙されたという点では被害者ですが、それを広めたという意味では加害者。

教授：色々なケースが出そろいましたね。しかし、危機を予防するためには、あらゆる危機を洗い出して網羅することが大切です。そこで、その手法を紹介しておきましょう。

まず、危機を天災と人災の二つに分類する。その二つのそれぞれに加害者の危機と被害者の危機がある。これで四つに分類できましたね。次に、その四つを更に〝人〟〝物〟〝金〟〝情報〟の四つに分類するのです。体系を図に描いてみましょうか。

このように分類すると、災害の種類(2)×自分の立場(2)×損害を受けるもの(4)で、全部で一六の分野の危機があることがわかります。それぞれにどんな危機があるのかを、ブレーンストーミングで洗い出すと良いでしょう。

たとえば「天災」「加害者」「人」パターンとしては、「自宅のブロック塀が地震や台風で倒れて、通っていた人にケガを負わせる」などが想定されます。

「人災」「被害者」「金」パターンはわかりやすいですね。詐欺の被害に遭うことです。逆に「人災」「加害者」「金」であれば、知人にマルチまがいの投資を勧めて損をさせた、というようなことになります。

ほとんどの危機はこの一六のいずれかにあてはまるはずです。

田貫：ＴＫＯの木本武宏さんも、投資のトラブルで、所属事務所を退所することになってしまいましたね。

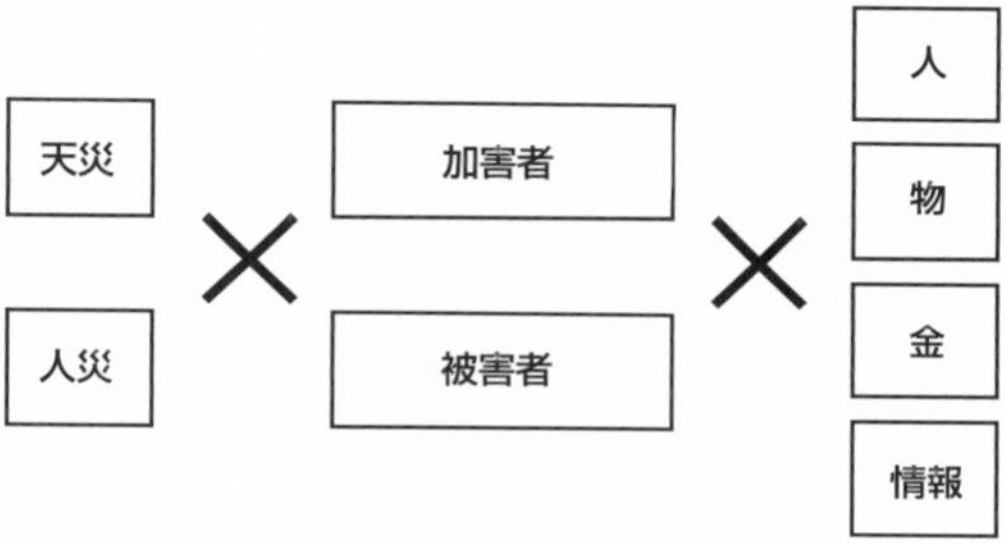

危機を網羅するために考えるべき16分野

宇崎：先生、洗い出した全部の対策をするのは、難しいような気がしますし、そんなことばかり考えていたらノイローゼになるのでは？

教授：もちろんです。発生頻度と受けるダメージの大きさで、優先順位をつけて対策していくのが望ましいでしょう。発生頻度のレベルを縦軸、ダメージの程度を横軸にした図を作って、それに洗い出した危機をプロットする。これをリスクマップと呼んでいますが、優先順位をつけるのに役立ちますね。まずは、自分自身のリスクマップを作ってみて下さい。組織の場合は、個人よりもシリアスにリスクマップを作成することをお勧めします。

不正を見破る技

教授：危機を察知する局面はさまざまです。皆さんの中にも将来企業に就職して、管理部門へ配属になる人がいるでしょう。そこで、社員の不祥事を見抜く技をいくつか紹介しておきましょう。まずは人事部から。

ともに既婚者の社員同士が不倫関係にあるのではという噂が立ちました。元々は同じ部署でしたが、今は別々ながら同じ本社内の部署。交際の疑いが濃厚ならば遠くに異動させなくてはなりません。さて、どんな方法で不倫を見抜いたら良いでしょう？

岐常：尾行するというのが手っ取り早いと思います。

教授：それは素人には難しいですね。見失ってしまうし、接近し過ぎると相手に気付かれる。かといって探偵を雇えば、安くても一〇〇万円はかかってしまいます。

田貫：二人のスマホの発着信の記録を取り寄せるとか。会社のスマホなら可能だから。

亀井：不倫の場合の連絡は、用心して個人のスマホを使うと思うね。

宇崎：ポリグラフでしたっけ、嘘発見器って。あれを使って問い詰めるとか。

教授：それは過激だし、企業はポリグラフを持っていませんよ。それよりも、簡単で良い方法があります。

二人の職場からの退出時間を、折れ線グラフにしてみるのです。デートをするなら同じ時刻に退出するので、定期的にグラフが一致するはずですから。

宇崎：既婚者の場合は、平日にデートするからだ。家族に疑われないように。
教授：この場合、不倫を確定させることが目的ではなくて、「限りなく疑わしい」段階で手を打てばいいのですから、これで十分なのです。では、次に経理部。社内の仲間と飲食した領収書を、業務の接待と偽って精算する。一種の横領ですね。企業ではとても多くて、よく税務当局にも狙われます。どのようにして見抜いたら良いでしょう？
岐常：接待をして、どんな会話をしたかを本人に聞いてみます！
亀井：いきなり経理が聞いたら、驚いて反発するでしょう。それに全社から届く経費精算の数は膨大なんじゃないかな。とてもヒアリングしきれないと思うね。
田貫：まずは、経費精算の数が目立って多い社員をピックアップする。その領収書を丹念に調べて、同じ店を探し出す。頻度多く訪れていれば、お店の人は覚えているはずですね。だから、仲間内の雰囲気だったか、接待だったかを聞いてみる。
教授：良い視点ですね。領収書をチェックするのは。しかし、お店は覚えていないでしょうし、覚えていても言わないと思います。常連を守ろうとする意識が高いので。逆に「おたくの経理の人が来ましたよ」なんて、告げ口されかねないでしょう。
田貫：それもそうですね。

教授：それよりも、経費精算の数が目立って多い社員について、接待の5W1Hを時系列に整理してみる。すると、同じ相手を同じ店で何度も接待している、なんてことが分かるはずです。いざという時に、口裏合わせができる相手。あるいは、確実に秘密を守ってくれる店。そんなに多くないはずですから。

宇崎：口で問い詰めるよりも、目で見て分かる方法を用いるんですね。

教授：問い詰めるのは、情報分析の結果、疑いの確率が高まってからですね。しかし、問い詰めていくにも技が必要です。たとえば時系列の整理で疑わしい接待が浮かび上がったら、その社員の上司や先輩に頼んで、接待された側の人を食事に誘ってもらうのも手です。場所は何度も出てきた領収書の店を指定する。接待したことが嘘ならその反応ですぐに分かりますね。あえて曖昧に「新橋のいつもの店で」といった感じで伝えて、「どこでしょうか？」と聞き返してくれれば、架空の接待だったと見て間違いない。

岐常：先生は、刑事さんみたいですね。

教授：冤罪は絶対に避けなければなりません。社内の雰囲気が悪くなりますし、人間関係が壊れてしまいますから。だから、不正を見破るには、検事や刑事なみの技量が必要なのです。

顧問：問い詰めた時の反応で、事実を摑む秘訣を教えておこう。その前に、宇崎さんに聞きたい。あなたは友達に私の悪口を言ったね？
宇崎：はあっ⁉　何のことですか？
顧問：ごめん、ごめん。嘘の話だよ。でも、みんな見たでしょ。宇崎さんのキョトンとした顔。これが無実の顔と反応です。無実でない人が口にするのは、「私は悪口なんて言ってませんよ」とか「何で私を疑うんですか？」あるいは「そんな記憶はありません」という言葉。いわゆる反論だが、それがすんなり出てくるのは不思議だよね。聞かれることを、まるで予測していたかのようで。
宇崎：なるほど。
教授：社内に怪文書が送りつけられたり、ネットに嘘の内部告発が書き込まれたりした時、基本的に犯人の特定はあまり意味が無い。これについては次回、触れます。しかし、内容が脅迫とか名誉棄損、あるいは業務妨害などの不法行為に及んだ場合は、犯人を突き止める必要がある。無実の人の反応を覚えておくと役に立つ時もあります。

〝怪文書〟を読むポイント

教授：皆さん〝怪文書〟って聞いたことありますか？　匿名で企業に送りつけられる文書のことです。ちょっと、スマホで検索してみて下さい。それを集めた本（『怪文書』六角弘著・光文社新書）まで出版されています。
宇崎：あっ、ホントだ。本の説明に〝巨大な経済事件の周囲で飛び交う〟と書いてある。
亀井：ネットコミュニティーでは、意味不明な書き込みのことを、そんなふうに呼んでいますね。その場合は要するに〝奇っ怪な文章〟という意味かと思います。
田貫：僕がバイトしていた会社でありましたね。営業部長がお金を横領しているとか社内不倫をしているとか。いろいろ書いてあったけど、全くウソばかりでしたね。
教授：たしかに事実無根もありますが、一部が真実であったり、会社が隠蔽していた事実を暴露したりするものもあります。いわゆる内部告発です。ネットなどでも時々見掛けますね。匿名だから発信者は分かりません。でも、自らの組織に関する告発文書が見つかった場合には、放置はできません。そこで皆さん。発信者を探し出す方法ってあると思いますか？　ヒントは動機です。
岐常：批判の標的にされた人に、恨みを持っている人かしら。田貫君のバイト先なら、営業部長からパワハラやセクハラを受けた部下とか。
宇崎：そんな見え見えなことしたら、すぐにバレてヤバイんじゃない？
教授：確かに、恨みは一つの動機にはなりますよね。でも、恨みだけですか？
田貫：妬みなんかもありますよね。出世争いに負けたとか。好きな異性を奪われたとか。
顧問：愛、コンプレックス、恨み、妬み、無念、強迫観念。これらは、人が制御しにくい感情で、過ちを犯す動機にもなっておるよ。頭の文字をつなげると、アイコンウラネタムキになる。裏ネタを探すためには、アイコンをクリックしまくるしかない。そんなふうに記憶して、過ちを防ぐといいね。
宇崎：おやじギャグみたいだけど、語呂合わせになっていて覚えやすい。
教授：ちょっと横道にそれましたね。発信者を特定するには、顧問のおっしゃった色々な動機の他に、損得という視点での観察も有効です。
田貫：怪文書で誰が得をするのか？　あるいは誰が損をするのか？　ですね。
亀井：本人の得や損だけでなく、第三者の得や損も考える必要がありますね。たとえば、教授が失脚したら、第三者の僕らゼミ生も困る。顧問も恥をかくし。
教授：鋭いけど、事例が悪いですね。僕が失脚するなんて。では次に、文章の特徴から発信者を突き止める方法を、討論してみましょう。次の文章の特徴を見つけて下さい。

田中ゼミは生徒の望む勉学の事を全く考えていないだけでなくて実務的な内容ばかりでアカデミックさに欠けているから大学本来の教育のあるべき姿に鑑みれば及第点を与える事はできないのである。

岐常：先生！　文章が長くて読みづらいです。読点がありませんので。
宇崎：私は〝こと〟を漢字で書いてあることに違和感をおぼえました。
田貫：「鑑みれば」「及第点」なんて言葉から見ても、年配の人が書いたように見えますね。
亀井：何でゼミの内容が、実務的だなんて分かるんだろうか？　ＯＢのアンケートを読むことができる立場。たとえば、学年主任の教授か学部長のような立場の人なのか。
教授：そうですね。何か、上から目線を感じさせますね？　見下しているって。そんな〝視線〟というものも参考になりますよ。立場の低い人が書いた文章は、下から上に突き上げる印象になりますので。すなわち、地位なども浮かび上がってくるのです。
亀井：なるほど……。しかし、それだけで発信者を特定するのは、難しくないですか？

教授：発信者が組織の内部なら、その人が書いた文章と見比べてみる方法もあります。皆さんが指摘したような特徴を意識しながら。

ただし、発信者探しの最大の目的は罰を与えることではない、ということを意識してください。それよりも次にどのような情報が発信されるのか？　どこまで暴露されてしまうのか？　それを推測することの方に重点を置くべきです。そもそも、動機や文章の特徴などは、状況証拠でしかありません。それだけで、発信者と決め付けたら、冤罪を生む恐れがあります。

告発が真実であり、明らかに組織内に問題があるのならば、発信者探しよりも問題解決を優先しなければならないのは言うまでもありません。不正があるのに隠蔽などすれば、「発信者」はさらに外部に向けて発信をすることでしょう。それでは事態を収束させることはできないのです。

クレームは六種類、対応も六種類

教授：企業にとって、日常的に遭遇する危機はクレームです。ここでの初期対応はその後に大きく影響します。特にBtoCすなわち、エンドユーザー向けの商品を作るメーカーにとって、お客様からのクレームは避けられないものです。たとえば、一〇万円ほどするカメラを買ったとしましょう。家に帰って箱を開けたところ、ボディの外側に目立つ傷がついていた。みなさんは、どうされますか？　討論してみて下さい。

岐常：そんなの当然、新品と交換してもらいます。最初から傷モノなんて嫌ですし、メルカリで売る時の値段も下がってしまいますから。

亀井：僕はボディの傷を修理してもらえば、それでもいいかな？　あまり外見にこだわりが無いし、傷なんていつかつくものだし。

宇崎：えっ！　そんなんでいいの？　私は、最低でもボディの交換をして欲しいわ。

田貫：僕なら二者択一をメーカーに迫るね。値引きか全額返金。全額返金になればメーカーは廃棄するか、ボディを交換するわけだから、かなりの値引きに応じると思う。

岐常：メーカーが返金や値引きに簡単に応じるかなあ？「自分でつけた傷じゃないか？」と言って、かなり抵抗すると思う。

教授：皆さんの意見はどれも正しいですね。実際にお客様相談室に集まる意見や要望も、そんな感じのものが多いですから。では今度は、皆さんが企業のお客様相談室の立場だったら、どんな対応をするのか？　それを討論してみて下さい。

岐常：その場合は……当然だけど、修理で済まそうとするでしょうね。どこでついた傷か分からないんだから。
亀井：えーっ！　さっきは新品と交換してもらうって言ってたのに？
岐常：そんなこと言ったって、立場が逆になれば変わるのよ。
亀井：僕は立場が変わっても考え方は同じだね。修理を提案する。
田貫：僕なら……まずお客さんに聞くね。どんな対応を望んでいるのかを。
宇崎：私も、その案に賛成。
教授：おおむね正解に近付いてきたようですね。顧客からのクレームは千差万別だから、六種類に分類して対応するのが賢明です。総てのクレームに一律のマニュアル的な対応をしたり、防衛的な姿勢で臨んだりするから顧客の反感を買うのです。
亀井：六種類もあるんですか？
教授：対応の易しいものから順に示してみましょう。

①勘違い　(例) 自動巻の腕時計を買ったまま保管して「動かない」と言ってくる
②ストレス発散　(例) 何か些細な行き違いがあって、そのストレスをぶつけてくる

③良心的　（例）不具合を修理して欲しい、という良心的な要求
④平均的　（例）新品との交換を要求
⑤厳し目　（例）新品との交換とともに僅かなお詫びの品を要求
⑥法外　（例）新品との交換に加えて法外な迷惑料や慰謝料を要求

宇崎：私は①をやってしまいそうな気がする。
教授：①〜⑥のいずれかを判断したうえで対応を変える必要があります。①には優しく説明。②の相手の話は気長に聞く。③には迅速に応じる。④と⑤については、交渉事と思って慎重に臨む。
岐常：ほらね！　私の顧客としての要求は平均的でしょ。お客様相談室として、ワンランク軽い〝修理〟で済まそうとするのも正解でしょ。交渉事なんだから。
教授：その通りです。顧客と企業の間には常にギャップが生じます。立場の違いから。ところで岐常さん。そのギャップは、どのようにして埋めますか？
岐常：えっ！　それは……その……なんと言うか……。
教授：基準とすべきは「社会通念」です。同業他社や似た商品の対応をお伝えして、納

得して頂くしかありません。ねばり強い交渉が必要ですね。
田貫：ところで……⑥の法外な要求には、どんな対応をすればいいんですか？
教授：クレームの電話を録音して脅迫や恐喝の証拠を残す。それを弁護士に渡して、場合によっては警察に通報してもらう。あくまでも最終手段ですがね。
　原則として、企業はお客様を大切にしなければなりません。クレームは改善のヒントと思って、しっかりと耳を傾ける姿勢が大切です。その一方で、対応に不公平があってはなりません。今後も同じ対応ができる、すなわち持続可能なものでなくてはならないのです。忘れないで下さい。

危機の本質を見極める四つのポイント

教授：今回は、危機に直面した際の大きな対応、戦略を考えてみます。加えて、危機の本質を見極めるポイントについても触れておきましょう。
　国会で総務省の接待問題が話題になったことがありましたね。野党の「NTTの社長と会食をしたのか？」という質問に対して、菅内閣の武田良太総務大臣（当時）は、「国民から疑念を招く会食はしていない」という回答を繰り返しました。しかし、後に会食していた事実が明るみに出て、結局は認めることになってしまいました。なぜ、総務大臣はそんな回答をしたのか？　それを国民である皆さんは、どのように感じたのか？　討論してみて下さい。

岐常：野党を見下していますし、ひいては国民の気持ちを軽視しているからだと思います。ですが、自分自身や内閣のイメージを下げただけかと思います。

田貫：確かにそうだけど、「会食をした」と認めるわけにはいかなかったんじゃないかな。大臣規範に抵触する行為ではないかと追及されるんでね。何とかしてかわしたいと思って、苦し紛れの答弁をしたとか。

教授：あれは「ご飯論法」と呼ばれるものですね。昼食にパンを食べた人が「お昼ご飯は済ませたの？」と聞かれ、「ご飯は食べていない」と答える、というのが由来で詭弁の一種です。「国民から疑念を招く会食はしていない」はよく似ています。

亀井：そんな論法を使って、何の意味があるんですか？　率直に答えないと、何か後ろめたさがあるに違いない、そんなふうに思われるだけでしょう。

宇崎：菅前総理は官房長官の時に〝安定のガースー〟なんて呼ばれて、答弁は評価されていましたが、この手の論法をよく使っていましたよね。政治家の間では、上手い答弁の仕方、とでも思われているのではないでしょうか？
教授：質問をかわす手段の一つとして、使われているんでしょうね。しかし、危機管理には、大きく四つの戦略があります。「折れる」「戦う」「かわす」「防ぐ」ですが、案件によって使い分けることが大切なんですね。
岐常：政治家はかわしてばかりの印象ですが。
教授：そんな印象はありますね。しかし、今回の「ＮＴＴの社長と会食をしたか否か」という質問には、「かわす」ではなく、最初から「防ぐ」を選ぶべきでした。
「食事はしましたが自分の分は払いました。職務権限に関する会話もしておりません。他の企業の方も同席しておられました。その方の了解を得られたら誰なのかを明かしますので、その段階になったら聞いて下さい」
　このように回答して、それ以上の追及を防げば済む話ですから。本来、会食そのものは違法でもなんでもないのです。
宇崎：なるほど。後ろめたいから、かわそうとするんですかね？
教授：マスコミのやり方を理解できていないのでしょう。週刊誌は一回目の取材で全部を聞かないで、わざと言い訳や嘘を言わせて記事を書くことがあります。その後で今度は動かぬ証拠写真などを突き付けて、狼狽した様子を掲載して大恥をかかせるのです。
岐常：意地悪ですね。
顧問：面白い記事を作るテクニックだよ。実際、武田大臣がご飯論法を繰り返した翌週に、週刊誌はJR東海の名誉会長らが同席していたと伝えた。JR東海側も認めたので、武田大臣は会食を認めざるを得なくなった。いささか格好が悪かったな。
教授：政府が国民に夜の会食の自粛を要請している時に、自民党の議員三人が銀座のクラブをハシゴした時も似た展開でしたね。
宇崎：銀座三兄弟でしたっけ？
教授：そうです。そのうちの一人、松本純さんは最初「陳情を聞くために行った」なんて言ってましたが、その直後の報道で、三人で飲み歩いていたことが判明。結局、あの方々は、自民党を離党することになりましたね。そればかりか松本さんはその後、二〇二一年の衆議院選挙で落選してしまいました。
田貫：武田大臣は彼らと同じ罠にかかってしまったんですね。少しは学習すればいいのに。
教授：その通りです。危機管理というのは、他者の事例を疑似体験することが大切。対岸の火事にせずに、他山の石にするといいんです。自分なら、どんな言動をするのかを考えてみる。あるいは、何が正解であるかを皆で討論するとかして。

宇崎：教授のおっしゃった「折れる」って、どんなことですか？

教授：「折れる」というのは、言い訳や反論を我慢して、謝罪や弁償をすることです。〝盗人にも三分の理〟という諺がありますね。企業で顧客情報の漏洩があった時に、「業務委託先のミスだから」と言って責任逃れをするケースがあります。しかし、顧客の側から見れば、どんな理由があろうと受ける迷惑や損害は同じです。だから許してもらえません。ですから、言い訳や反論したい気持ちを押さえて、すなわち敢えて折れて謝罪する。それも危機管理というものです。

岐常：難しいですね。私も言い訳や反論をしやすいタイプですから。どうしたら、防ぐことができるんですか？

教授：危機が発生したら、最初に危機の本質を見極めるのです。その方法は四つほどあります。メモを取って下さい。

①被害者が社会的な弱者か否かを考える。

②社会の処罰感情が高い旬な事案か否かを考える。
③自分の置かれている立場が、加害者の岸に近いか被害者の岸に近いかを考える。
④期待に反する度合いが、高いか否かを考える。

①〜④を踏まえると、その後の展開が見えてきます。平坦な道か茨の道か。それによって、「折れる」「戦う」「かわす」「防ぐ」を選ぶのです。危機管理の方針を立てる根源の定理ですから覚えておいてください。

「二つの見えにくい罪」

教授：今回は、感知、解析の段階で企業が危機管理を失敗する原因を考えてみます。代表的な失敗の原因は「二つの見えにくい罪」への意識の低さです。罪を犯した意識が薄いことから、無責任あるいは無反省な言動をしてしまうからです。見えにくい罪の一番目は〝変化する罪〟です。正確に言うなら〝変化する罰〟でしょうか。皆さん、どんなものがあると思いますか？

岐常：〝法の下の平等〟のはずなのに、罰が変化するんですか？

田貫：いやいや。判例をよく観察すると、少しずつ弱者救済の方向に変化している。だから、時間の経過とともに、平等ではなくなると思うよ。
亀井：そうだね。セクハラやパワハラの定義なんて、どんどん変わってきているから。
宇崎：私の兄も言ってた。学習塾でアルバイトしてるんだけど、生徒の頭を撫でてやることもできない。セクハラだ！と言われかねないからって。
田貫：そう言えば少し前にフランスの化粧品会社が、ホワイトニングといった表現を廃止しましたね。人種差別に当たると指摘されて。それを受けて日本の花王も、美白という表示をやめたと新聞記者をしている父から教えられました。変化する罪を、避けようとしたんでしょうか？
教授：そうです。犯罪ではなくても、社会的な制裁を受ける場合もありますから。
田貫：変化する罪と言えば、企業は、顧客情報の漏洩にも神経を尖らせていますよね。電車の網棚にパソコンを置き忘れただけで〝顧客情報の流出か？〟なんて騒がれますから。それも罪の変化なんですかね？
顧問：そうだよ。昔の顧客情報は紙に印刷されていた。だから、五〇〇万人分ともなればトラックで運び出さなきゃならん。しかし、今はＵＳＢメモリーがあるから、簡単に持ち運びができてしまう。だから、厳重な管理を求められる。その一方で、特殊詐欺が横行している。顧客情報は詐欺のアタックリストとして悪用されやすい。特に、老人のリストは、とてもリスクが高いから、流出や杜撰な管理は罪が重く見られるんだよ。

教授：顧客情報の漏洩は、**もう一つの見えにくい罪にも該当しますね。それは〝悪意なき罪〟というものです。**最近の顧客情報の漏洩は、多くの場合が外部からの不正アクセスです。ですから、会社は情報を意図的に漏らしたわけではありません。悪意がないのです。この〝悪意なき罪〟も見えにくい。だから、無責任とか無反省と感じさせる言動をしてしまうのです。〝悪意なき罪〟は他にもたくさんあります。ちょっと、討論してみて下さい。

岐常：以前も話に出たゴルフ練習場の鉄柱が倒れたという事故の原因は台風だったけど、練習場が非難されましたね。悪意なんか全く無いのに。

亀井：練習場は、台風の被害者でありながら、近隣住民から見たら加害者だからね。

宇崎：確か、最初は賠償しないとか言ってましたね。練習場のオーナーか弁護士さんが。びっくりしたので覚えています。自然災害だから、賠償の義務はないと思ったのかしら？

岐常：でも、防護ネットを下げておけば、倒れなかった筈だと地元の人は言ってたわ。

巨大な台風の予報は出ていたんだから。やっぱり、被害者ではあるけど、加害者でもあると思うな。
教授：あの防護ネットは固定式だったという報道がありましたね。いずれにしても、情報漏洩と同じで、被害者でありながら加害者でもある。そのような事案を、〝加被害混合案件〟と呼ぶことはリスクマップ作りの時にもお話ししました。多くの企業が謝罪会見で失敗する原因の一つですね。
　皆さんの身近な例を紹介しておきましょう。二〇一四年だから皆さんが中学生の頃かな？　マクドナルドのチキンナゲットの消費期限の偽装が発覚しました。
亀井：覚えてます。客が減って、お店がガラガラでした。
教授：そうでしたね。あれは、中国から輸入していて、その業者が偽装したんです。だから、当時の社長は会見で、「中国の業者に騙された」と言い訳をしました。〝加被害混合案件〟だからこそ出てしまった言葉ですね。それが原因で厳しい報道が続いて、二一八億円もの赤字に陥ったのです。
宇崎：えっ！　その一言で赤字ですか？
顧問：もちろんそれだけではないでしょうが、ダメージは大きかったね。「その業者を選んだのは誰なんだ？　選んだ責任を感じていないようでは危ない」と思われた。危機管理は企業の信頼を保つために、とても重要な仕事なんだよ。信用を得るには何年もかかるけど、失うのは一瞬のことだから。二つの見えにくい罪。絶対に忘るべからず、だね。

変化する罪で、特に急激に変化している領域を挙げておこう。

・男女など性差に関すること（ジェンダー問題）
・人権に関すること（特定の人々を見下した表現）
・猥褻な表現に関すること
・個人情報、プライバシーに関すること
・消費者や国民の意識とズレた発言をすること

悪意なき罪の類型もまとめておこう。

・取引先、依頼先の過失によるトラブル
・天災などが原因のトラブル
・事件などに巻き込まれたことによるトラブル

・まったく新しいタイプの過去に例のないようなトラブル（たとえば誰もが予想しなかったような斬新な手口の犯罪の対象になった、といったこと。ネット系の犯罪が代表例です。スマホのような新しい商品が出てきた時などは特に注意が必要です）

贈り物に先方のアレルギー物質が含まれていた、などというのも「悪意なき罪」にあたるでしょう。

情報流出には二八パターンある

教授：皆さん、前回、情報流出について少し触れました。〝悪意なき罪〟と〝変化する罪〟。この両方の見えにくい罪の、言わば交差点にあるケースが案外多いものです。だから、危機管理が難しい。そこで今回は、顧客情報の流出を深掘りして、そのあたりを検証しましょう。まずは、記憶を辿って、過去にどんな情報流出があったか、思い浮かべてみて下さい。

岐常：近いところでは、ＬＩＮＥかしら。業務委託先の中国の業者が、覗き見していたと聞いてビックリしたわ。でも、覗かれたのが三〇回くらい、と聞いて安心したけど。

宇崎：ベネッセでは漏洩した数がすごかった。三五〇〇万件とかだったわ。確か、業務委託先の社員が盗んだという話だった。

亀井：ゲームマニアの僕としてはカプコン。ハッカー集団に攻撃されて、お金を要求されたという事件。どんな情報が流出したのか、とても不安だった。

田貫：僕が驚いたのは、神奈川県庁のファイル共有サーバーの情報流出。サーバーとして使われていたハードディスクが、中身を消さないままネットで転売された。転売したのが廃棄を請け負った業者の社員だから、とてもひどい話だよね。神奈川県に住んでいる僕としては許せないけど、県庁の責任でもない訳だし……。

教授：本当に多いですよね。しかも、情報流出の原因も内容も様々です。そこで皆さん、スマホで〝情報流出〟を検索してみて下さい。たくさん出てきますので、それを流出した原因で分類してみて下さい。

田貫：神奈川県庁の場合は、紛失というか窃盗ですよね。

岐常：亀井君が言っていたような、ハッキングも多いですね。

亀井：そう。でも、ハッキングには売名行為や嫌がらせもある。アノニマスなんかは、国家を相手にしたハッキングで有名になった。

宇崎：確かに、嫌がらせのような流出も少なくないわね。ＲＩＺＡＰの〝子会社の情報が盗まれて、そこに迷惑メールを送りつけられた〟なんて典型ですよね。

教授：色々な流出が出ましたね。ちょっとメモの用意をして下さい。私は情報流出の原因を、大きく七つに分類しています。

①情報の入った機器を紛失した。盗まれたものも含む

②売名や自己顕示欲を満たすのが目的

③興味本位による情報の閲覧が目的

④顧客情報をネット上に公開して恥をかかせるのが目的。犯人が現役の社員の場合もあるが、不満を持って辞めた元社員が多い

⑤情報を無形資産として入手するのが目的。幹部社員が転職先に手土産として提供するケースが多い

⑥顧客情報を名簿業者に売却する、または企業を恐喝するのが目的。すなわちお金目当

⑦システムの不具合による情報の流出

そして、七つのそれぞれには、四つのレベルがあります。

①社会的な弱者のリストで、センシティブな情報あり
②社会的な弱者のリストで、センシティブな情報無し
③社会的な弱者じゃないリストで、センシティブな情報あり
④社会的な弱者じゃないリストで、センシティブな情報無し

すなわち、全部で七×四＝二八種類、情報流出があるということです。
社会的弱者としては、子供・老人・障害を持つ人などが代表的です。センシティブな情報というのは、個人が秘密にしたくて敏感に反応する情報のことです。
宇崎：そんなにあるんですね。分類して、どうするんですか？
教授：まずは自社の関連する情報を分類したうえで、それぞれのリスクを洗い出して、予防策を講じておく必要があります。そして、起きてしまった時には、それぞれ全く違ったレベルの危機管理をしなければなりません。社会的な弱者のセンシティブな情報が、

名簿業者に売却されるケースが最悪です。社長が謝罪会見しなければならないでしょう。
田貫：なるほど、弱者のリストが漏れると大変なんですね。だからベネッセは厳しい批判を浴びたんですね。
教授：その通り。しかし、ベネッセは事後の対応も悪かった。はじめは被害者への補償は考えていないと言ったんだ。その上、当時の社長が無責任とも思われる言葉も放ってしまったからね。「私が就任する前の流出だ」なんて。その結果、会員が九〇万人以上も減少し、一〇〇億円以上の赤字決算になってしまったんです。
岐常：対応のミスとは言え、情報漏洩の罰は厳しいですね。
教授：その一方でこんな話もあったね。確か二〇一五年頃だったかな。既婚者向けの出会い系サイトから三〇〇〇万人を超す個人情報が流出した。会員の住所・氏名・メールアドレスなどがハッキングされて、ネットに流されたという騒ぎでした。
宇崎：なぜかしら……会員に同情する気持ちになれないわ。
教授：米英の政府や軍の関係者、不倫が死刑の罪となるサウジアラビアの人も含まれていました。しかし、批判の矛先はサイトではなく、被害者である会員に向けられた。強い立場の人々で、リスク対応力も低くない人々のリストだからです。**要するに、顧客の**

情報を〝顧客リスト〟なんて思わずに、〝顧客リスク〟と思って管理をしなければならないということです。忘れないようにね。

〝現場の嘘〟に騙されてはいけない

教授：正しい危機管理には正しい事実認定が必須です。ところで、宇崎さん。あなたは授業を何回欠席しましたか？

宇崎：先生の授業は……確か……病気をした時の一回だけかと思います。

教授：それは今年のことで、去年も欠席したことがありましたね。

宇崎：あっ、そうでした。一回だけ。あの時も病気だったかと思います。

教授：私の授業だけでなく、他の授業を休んだことはありませんか？

宇崎：あります。あります。つまらない授業はよく休みますので。一年生の時から数えたら、数えきれないです。

教授：そうでしょ。そうすると、最初に言った一回だけというのは事実じゃないとも言えますね。よく似た話は企業の危機管理の場面でもあります。皆さん。スマホで〝船場吉兆〟を検索してみて下さい。

亀井：ウィキペディアを見ると、消費期限偽装、産地偽装、無許可の梅酒製造販売など、いっぱい出てきますね。

教授：最初は「黒豆プリン」の賞味期限の偽装から始まりましたが、「ゼリー」「タルト」「ケーキ」などの偽装も発覚し、地鶏やみそ漬けの産地偽装も明るみに出ました。最後は、客の食べ残しを次の客に提供した、なんて話まで暴露されてしまいました。そんな展開になったため、名門の高級料亭が、廃業に追い込まれてしまいました。

田貫：なぜ偽装を隠したんでしょう？　最初から全てを正直に開示しておけば良かったのに。

教授：隠したというよりも、社内の調査が不十分だったんでしょう。垂直方向、すなわち過去の調査と、水平方向、すなわち別の領域の調査をしなかった。さきほどの欠席を例にすれば、聞いた側は「今年の欠席」とも「私の授業の欠席」とも言っていませんが、宇崎さんは何となく「今年のこの授業」と決めて答えていたわけです。垂直、水平の観点が足りなかったわけですね。また、吉兆の場合は上からの指示だったようですが、〝現場の嘘〟に騙される可能性もあります。

岐常：〝現場の嘘〟ですか？

教授：叱られるのを恐れて、部下は最小限のことしか言わない。すなわち少なめに報告する。懲戒処分を恐れる自己保身の心理からでしょうが、それが現場の習性というものです。「現場は必ず嘘を言う」を肝に銘じてください。同時に「露呈した不具合は氷山の一角」ということも。

岐常：その嘘を見抜く方法はあるんですか？

教授："鳥の目"と"虫の目"を持つことを心がけてください。

田貫："鳥の目"は、物事を高い位置から観察すること、鳥瞰とか俯瞰とか言いますね。"虫の目"は逆に、近くから詳しく観察する。ズームアップですかね。

亀井：猿の耳と犬の鼻も必要じゃないですか？　桃太郎は、キジと猿と犬を連れて鬼退治に行った。それは隠れている鬼を見つけるためだ、って聞いた記憶があります。

教授：それは、いいたとえですね。私も情報を取るには、聴覚と視覚と嗅覚をフル活用すべきだ、と言い続けてきました。聞くだけでは不十分だから、現場や現物を目で見て確かめる。食品の異物混入なんかも、実物を見ると、嘘が分かる時がありますので。

宇崎：異物を見るだけで、ですか？

教授：たとえば、製造工場が気温の高い南国にあるのに、寒冷地にしか生息しない昆虫が商品から出てきたとか。工場でビニールパックするから、出荷されてからの混入は有り得ません。企業にはそんな嘘のクレームも来ますから。
宇崎：なるほど。嗅覚ってどんな時に役立つんですか？
教授：必ずしも実際に匂いを嗅ぐわけではなくて、雰囲気を感じ取ることです。食品の偽装など不正をやった会社へ行くと、どこかルーズな印象を受けるものです。緊張感が無いというか。
宇崎：飲食店でもありますね。入った瞬間に変な匂いがするとか、店員の服装がだらしないとか。言動が粗雑とか。
顧問：真実というのは、様々な角度から観察しないと見えてこないものなんだ。二五年ほど前に実際にあった話だが、私のところに食品の産地偽装をした企業から、マスコミ対応の相談が来た。当初は「三〇トンほどの偽装です」と、その会社の社長は私に言っていた。しかし、どこか落ち着かない様子だったので、私は問い詰めたり仕入れの帳簿などをチェックしたりした。すると他の商品でも産地偽装があったんだね。しかも、偽装は一〇年も前からやっていたことがわかった。それを私には言わなかった。
田貫：顧問にまで嘘をつくなんて信じられませんけど、それを見破るのもコンサルタントの役割なんですね。
教授：聴覚と視覚と嗅覚をフル活用する。それに、主観的な視点と客観的な視点を加える。すると、事実が立体的に浮き上がってくる。そうした発想が、危機管理には求められるんですよ。人にはそれぞれ得意とする領域、その人なりに重視するポイントがある。それ自体は悪いことではないのだけれども、自分の癖を知っておいたほうがいいでしょう。つまり「報告書」を重視する傾向があるとか、逆に「紙なんかよりも現場の声だ」という信念があるとか。必要なのは複合的な視点だということです。

整理しておくと、

（1）現場の嘘を見逃していないか
（2）露見していない問題を見逃していないか
（3）全体像を把握しているか
（4）現場の細部を把握しているか。実物を見ているか
（5）一つの視点からのみ見てはいないか
（6）報告書を鵜呑みにしていないか

こうしたことをぜひ自問する習慣を身に付けてください。

「楽観・標準・悲観」で未来を予測する

教授：皆さん、このところアメリカと中国の対立が激しくなってきましたね。この先一〇年以内に、両国が軍事衝突する可能性はあると思いますか？
田貫：軍事衝突なんかしたら、両国とも株価が大暴落して、経済的な痛手を受けます。だから、衝突は起こさないと思います。
宇崎：穏健派のバイデン大統領ですから。そんなことは起きないと思います。ロシアのウクライナ侵攻に対しても、軍事力を用いることに極めて慎重でした。
亀井：新型コロナによって、アメリカも中国も多額の財政支出をしています。だから、膨大なお金のかかる戦争なんて、できないと思います。
岐常：尖閣諸島を攻めるなんてこと、起きると思えませんね。日本とは経済の結びつきが強いので。
教授：皆さん、常識的で標準的な意見ばかりですね。顧問は、どう思われますか。

顧問：中国は香港と同じように、台湾も自国の領土だと思っているから、支配を強めようとして、台湾に侵攻する可能性は十分にある。つい先日（二〇二二年八月）も軍事演習をやったから。そうなったら、アメリカは黙っていないだろうね。

教授：いま顧問から軍事衝突について、皆さんよりも悲観的な意見が出ました。それを聞いて、皆さんはどう思いますか？

宇崎：私も台湾への圧力はさらに強まると思うし、米中の軍事衝突は無いとは言い切れません。

亀井：偶発的な軍事衝突は、歴史上いくらでもありますからね。

岐常：米国で新型コロナの死者が一〇〇万人に達した、というニュースを見ました。きっと中国を苦々しく思ってます。だから……危ないかも。

田貫：ロシアのウクライナ侵攻を実質的に認めるなど、中国の姿勢をアメリカは許さないでしょう。そう考えると僕も無いとは言い切れませんね。

教授：皆さん、突然、悲観的になってしまいましたね。顧問の意見に引きずられて。それでは、私が楽観的な意見を言ってみましょう。局地的な戦争はあっても、大国同士の戦争は一九四五年以降、地球上で起きていません。だから米ロも正面衝突はしていない。

なぜなら、人類は第二次世界大戦で学んだんです。加えてサイバーなど武力以外の攻撃が可能になっています。昔ながらの大国同士の戦争なんて、起きるわけがないのです。皆さん、私の言っている事は間違っていますか？

宇崎：先生、私もそう思っていました。

亀井：調子のいい奴だなぁ。

教授：亀井君、そんなものなんです、人間社会というのは。企業においても日常茶飯事です。役員会などで社長が発言した途端、そちらの方向に意見が傾くなんてことは。しかし、それでは危機管理は上手くいきません。展開の予測が命ですから。さて、田貫君。どうしたらいいと思いますか？

田貫：社長の意見に左右されない社外取締役を、役員会に出席させる。あるいは、オブザーバーとして、専門家を招いて意見を聞く。そんなところでしょうか？

教授：それも一つの方策ですが、社外取締役もオブザーバーも、楽観的な意見や悲観的な意見は言いにくいものです。楽観的過ぎるとノーテンキ、悲観的過ぎると狼少年。そんなふうに思われて、判断力を疑われてしまうからです。ですから、楽観的な意見を言う役と、悲観的な意見を言う役と、役員の役割をきちんと定めておくと良いのです。役目ですから、遠慮なく語れますので。
岐常：先生。標準的な意見を言う役員は必要ないですか？
教授：放っておいても、標準的な意見は出てきますので、特に必要ありません。楽観論と標準論と悲観論。この三つの推論と、実際に起きてくる様々な事象とを対比していく。そこから、どの論が当たっているかを判断し、未来を予測して対策を練っておく。それが、危機管理を検討する会議の、望ましい進め方です。
亀井：最初から一つの推論にとらわれずに、事実に基づきながら予測していくんですね。
教授：不正アクセスで顧客情報を盗まれた。食品に毒物を混入するぞと恐喝された。学校に爆破を予告する手紙がきた。いかなる場合でも、楽観、悲観、標準の三つの推論を用意したうえで会議を進めるのです。それぞれのシナリオについて書き出してから議論をする必要があります。個人の危機管理にも応用できますので、覚えておくといいですよ。

許しを得るための四つのステップ

教授：東京二〇二〇オリンピックを前に、その精神に反すると批判され、せっかくのイベントにケチがつく残念な出来事がありました。誰か分かる人は……。
岐常：森さんの女性蔑視発言ですか。
教授：そうですね。大会組織委員会の森喜朗会長（当時）が、「女性が入っている会議は時間がかかる」とか、「組織委員会の女性はわきまえている」といった趣旨の発言をされましたね。この発言は、何が問題だったのでしょうか？　皆さんで討論してみて下さい。
宇崎：女性だけが話が長いわけではないでしょ。男性だって。特にオジサンなんかは、話が長くて……。私のお父さんの説教も長くてウンザリだから。
亀井：それは男性蔑視でしょ。話の長さに性別は関係なくて、個人差だから。
田貫：問題の本質は発言がオリンピック憲章に反するからでしょう。〝いかなる種類の差別も受けることなく〟という定めに違反していると見られても仕方ない。それを大会運営の中心人物が言ったから、厳しく批判されて辞任したんでしょ。
岐常：発言そのものよりも、その後の対応が悪かった。ほら、あの立ち話の謝罪会見。途中から逆切れして、「面白おかしくしたいから聞いているんだろ」とか言っちゃって。
教授：皆さんの意見は、どれも正しいですね。発言そのものは、いつものことという見方もあれば、真意と異なる受け止め方をされているという見方もあるようです。しかし、ここは危機管理のゼミですから、「あれは大問題だ」という人たちに対して、森さんはどう対処するのが正解だったか、という視点で議論を進めてみましょう。つまり糾弾する人たちをどう納得させられるか、ということです。批判的な人たちは、森さんの発言のどこを問題視していると思いますか？

岐常：日本が世界から馬鹿にされました。遅れた国って。国家の恥ですよ。

亀井：恥ずかしいのは確かだけど、不具合という点では、女性が発言をしにくくなる。意見を短めに言わなきゃいけない、というプレッシャーになりますから。「わきまえている」という発言も同じじゃないかな。

宇崎：確かに！〝宇崎は礼儀をわきまえている〟なんて言われたら息苦しくなっちゃうかも知れないわ。

教授：以前の授業で、危機管理には〝感知・解析・解毒・再生〟という四つのステップがあると言いました。このうち解毒をするには、〝反省・後悔・懺悔・贖罪〟という四つのステップがあります。岐常さんが「その後の対応が悪かった」と言いましたが、どのステップに該当すると思いますか？

田貫：直接的には懺悔ですか？　でも、反省や後悔が足りないから、言い訳がましい懺悔、すなわち謝罪会見になったような気もしますが。

岐常：私は、謝罪の場面で辞任を否定したのも、間違っていたと思うわ。あの直後に女性芸人の容姿を侮辱した言葉が問題視された五輪の関係者は、すぐに辞任しましたよね。確か、開会式の演出責任者。

教授：その通りです。森会長も後で辞任はしたけど、わずかながら遅かった。企業のトップでも、追い詰められて辞任する人は、少なくありません。贖罪は厳しい批判を和ませる。言わば、酸味や苦みの強いコーヒーに、ミルクや砂糖を入れるのと同じ効果があるのです。早めに入れなきゃ意味がないでしょう。

田貫：教授、反省と後悔は、どう違うんですか？

教授：いい質問ですね。広辞苑によると、反省は〝自分の過去の行為について考察し、批判的な評価を加えること〟という意味。後悔は〝前にした事を後になって悔いること〟という意味。よく似ていますね。しかし、私は危機管理において、明確に区別して使っています。反省は〝自分の言動が外部に与えた悪影響を洞察すること〟です。言わば外向き。後悔は〝自分の言動の愚かさと原因を洞察すること〟です。言わば内向きです。整理してみましょう。何らかの危機を引き起こしてしまい、弁明などをする必要が生じた。「解毒」の段階になったとして、ただ謝罪しても十分な解毒作用は期待できません。

①反省……自らが引き起こしたことの影響について深く考えたうえで、どこがいけないかを自ら言語化する。

森さんでいえば「性差について軽々しく口にして、多くの人に不快な思いをさせた。立場上、東京オリンピックという一大イベントにまで傷をつけることになった」ということでしょうか。

②後悔……なぜ自分がそのようなことをしたのか、心理的な原因を分析して考える。

これも言語化しなくてはなりません。

森さんになったつもりでいえば、「年齢的なこともあって、男女についての見方がステレオタイプになってしまう。その場を盛り上げようと、要らない冗談などをつい口にする性格である。今風の価値観に無意識に反発をおぼえるところもある。また過ちを指摘されても素直に聞けないところがある」ということです。

③懺悔……①②を踏まえたうえで、外に向けて語るべき言葉、謝罪の言葉を考える。
④贖罪……③だけでは「口先では」との疑念を拭うことはできませんから、何らかの罰、ペナルティが必要になるでしょう。

謝罪会見を開くのであれば、①～④のプロセスをすべて言葉に含む必要があります。

「私の軽はずみな発言で、多くの方に不愉快な思いをさせ、また関係者には多大なご迷惑をおかけしてしまいました。誠に申し訳ありません（①）。

なぜそういうバカなことを言うのか。家でも随分怒られましたし、自分でも改めて考えました。

一つには年齢のせいもあるのでしょうが、どこか考え方が古い、アップデートされていない。そのため世間の皆さんと比べてズレてしまっているところがあるのでしょう。それに、他人のことを言う資格がないくらいに、私の話も長い。だからつい余計なことを言う。軽口をたたく癖がいい年をこいて抜けない。昭和的な感覚が残っているところもあると思います。結果として口にした言葉が、こともあろうに五輪憲章に反するんじゃないか、と思われかねないものになってしまいました（②）。

最初に申し上げた通り、そのせいで不快に思った方もいらっしゃると聞きました。その場にいた中でも、嫌な気持ちになった方がいらっしゃったそうです。さらにはこの件がこうして問題になったために、オリンピック関係者の皆さんにもご迷惑をおかけしました。そうしたすべての方に心からお詫びを申し上げます。

本当に申し訳ありませんでした（③）。

こうした事態を招いた責任を感じ、私は公の立場からは身を引くことといたしました。それでもなお私がお手伝いしたほうがよいようなことがあれば、もちろん喜んで身を捧げます。また陰ながら何かオリンピックのために貢献できることがあれば、それもやっていきたいと考えています（④）」

このような趣旨のことを自らの言葉で丁寧に語ったら、その後の反応はかなり変わったのではないでしょうか。

顧問：本来、日本は、許しを得るのが決して難しくない社会です。〝水に落ちた犬は打つな〟という武士道の言葉が生きているからね。〝反省・後悔・懺悔・贖罪〟を丁寧に行えば、企業も個人も多くの場合は許してもらえるだろう。ただし、順番を間違えてはいけない。**賠償という贖罪だけを先に行おうとすると、「金で済むと思っているのか？」**

と怒鳴られるのがオチだね。早いだけでも駄目だということを覚えておくんだよ。

一〇種の悪い謝罪と五つの禁句

教授：もう少し謝罪について議論していきましょう。私生活においても、企業の危機管理においても、鬼門とも言うべきものですから。ちょっと聞いてみましょうか、岐常さんから。私生活において許せないと感じる謝罪に、出合ったことがありますか？

岐常：しょっちゅうです。幼馴染みの友達で時間にルーズな子がいて、いつも言い訳をしながら謝るんです。目覚まし時計が故障していたとか、忘れ物を取りに戻ったとか。

宇崎：私の友達なんか、謝りながら嘘ついたりしますから。貸してあげたお金を返せない時に、「返すつもりだったけど、電車でスリに遭って財布を盗まれたから」なんて見え見えの嘘を言うんです。二〜三日したら、同じ財布を持ってたりして。

亀井：買ったばかりのスマホが故障した時、ショップが責任を認めようとしないことがありました。「落としたりしてませんか」なんて疑ってきた。他からも同じ不具合が見つかって、ようやく謝罪をしましたけど。要するに遅いんです。

教授：では、企業の謝罪で許せないものはありますか？　田貫君。

田貫：僕が企業の謝罪で違和感をおぼえるのは、「誠に遺憾」という言葉ですね。上から目線で格好をつけた感じがします。どこか曖昧で他人事のようにも感じます。前に教わった〝解毒〟のための謝罪とは、程遠いと思います。

教授：遺憾は謝罪に使っちゃいけません。**使ってはいけない言葉は、遺憾に加えて誤解、お騒がせし、知らなかった、邁進する。**だから合計五つ。

「遺憾」は残念という意味だから、申し訳なさが伝わらない。

「誤解」は相手の側にも半分の責任がある、と言っているのに等しい。

「お騒がせし」は、起こした事ではなく、発覚した事を詫びているだけ。

「知らなかった」は、無責任な逃げ口上。知らない事こそが問題なのに。

「邁進する」は、責任を取らずに、そのまま居座りますという意味。

岐常：よく聞くセリフですね。

顧問：どれも詭弁のようなものだね。この五つの頭の文字をつなげると、イ・ゴ・オ・シ・マイになる。禁句として覚えておいて欲しい。

教授：本題に戻りましょう。皆さんから出てきた、許せない謝罪は四つですね。

①言い訳まじりの謝罪
②嘘や隠蔽が含まれた謝罪
③遅い謝罪
④曖昧にボカした他人事のような謝罪

しかし、企業や芸能人の謝罪会見を見ていると、私は他にも六つあると思っています。すなわち五番目から一〇番目があるということです。

⑤役者不足の謝罪
⑥足並みが揃わない謝罪
⑦詫びる相手の優先順位を間違えた謝罪
⑧時間不足の謝罪
⑨賠償が先走る謝罪
⑩処分が伴わない謝罪

一つずつ見ていきましょう。⑤「役者不足の謝罪」とはどんなものか、宇崎さん分かりますか？

宇崎：うーん、社長のような責任者が出てこない謝罪会見かな？

教授：正解。「役者不足」というのは日本語としては正確ではないんですが、要するに本来表に出るべき人よりも格下の人、立場が低い人が出てくる謝罪のことです。もちろん何でもかんでも社長が出て来る必要はありませんが、重大なことであれば責任者が前面に出る必要があります。岐常さん、⑥「足並みが揃わない謝罪」は分かりますか？

岐常：出席者の言動がバラバラの謝罪会見。頭の下げ方がまちまちだとか。

教授：そうですね。反省や後悔の深さにバラつきがあると、言動が食い違うのです。⑦「詫びる相手の優先順位を間違えた謝罪」について誰か分かる人は？

田貫：芸能人の謝罪を見ていると、スポンサーとか仕事の関係先に謝る人がいますね。真っ先に直接の被害者に対して謝罪するべきなのに。

教授：その通り。⑧「時間不足の謝罪」は分かりますか？

亀井：質問が続く中で、謝罪会見を途中で打ち切ってしまう。あれですか？

教授：正解ですね。他にも、質問を受けつけない会見や謝罪の様子を収録して流すことなども、時間不足の謝罪に該当します。なぜなら謝罪会見とは、言いたいことを言う場ではなく、視聴者やマスコミが聞きたいことに答える場であり、その時間を取らないのは不十分と言わざるを得ません。この他、⑨「賠償が先走る謝罪」をやると、被害者が「金だけで済むと思っているのか⁉」と激怒しますね。⑩「処分が伴わない謝罪」は、「信頼回復に邁進するのが私の責任」なんて言って、そのままの地位に居座るパターンです。オーナー経営者や、銀行のトップに多いですね。最近では政界でも頻発しています。この合計一〇種類にあてはまる謝罪は、決して許してもらえません。

岐常：大企業ともあろうものが、何で謝罪を失敗するのでしょうか？

教授：やはり二つのトウソウ本能が原因だと思います。山で熊と鉢合せになった時にどうするか。ただ逃げてもダメ、正面から勝負を挑むのもダメ。熊としっかり向き合って、目をそらさずに静かに離れていくのが正解です。危機管理も同じイメージの対応が求められる案件が多いですね。忘れないで下さい。

被害者が辿る心理を理解しておく

教授：さらに深く解毒と再生について考えてみます。不幸にも皆さん、あるいは勤め先が加害者の立場に立つことになったとします。その際には可能な限り被害者に対して謝罪をし、時には賠償をしなければなりません。ただ、お金だけで解決しないことはこれまでにも見て来た通りです。

誠実に被害者と向き合うには、その心理を理解する必要があります。ここでは被害者の心理には四つのステップがあることをお伝えしましょう。

まずは被害者の気持ちを想像してみます。皆さんの大切な親族や、恋人や親友が交通事故で亡くなったとします。トラック運転手の居眠りが原因で、高速道路で追突されたとしましょう。一週間後、退院したトラックの運転手が謝罪に来たら、皆さんは許してあげますか?

宇崎：絶対に許せないと思います。亡くなった人は戻ってきませんので。

亀井：危険運転致死傷罪で、懲役一五年くらいの判決が下されても、許せないですね。

田貫：まず、何で居眠りをしたのかを知りたいですね。過重な労働があったんなら、運転手だけではなく、会社にも落ち度があるかも知れないし。軽井沢で起きたスキーバスの事故。あれは会社の責任も問われていますから。まだ裁判中なんですよね。

岐常：一週間で退院できる程度の怪我なら、運転手は事故の直後に来なきゃいけない。

遺族が悲しみのドン底にいるのに、ゆっくり寝ていたなんて許せないわ。
教授：いま岐常さんが言ったことが、とても大切ですね。悲しみのドン底の被害者と寝ていた加害者では、あまりにもアンバランス。松葉杖の状態でも、車椅子の状態でも、とにかくご遺族のもとに行く。そして、遺族の痛みを肌で感じて、それにふさわしい謝罪をしないといけないのです。
田貫：なるほど。本当は車椅子が必要なくても乗っていく。包帯をグルグル頭に巻いて、首にギプスを付ける。要は、痛々しい姿を見せて、遺族との痛みのバランスをとる。まず、そこから始めるということですね。
宇崎：そうか……。「申し訳ありません。許して下さい」なんて言うより、「私が死ねば良かった。人の命を奪ってしまって死にたい気持ちです」くらい言うべきなんですね。
教授：素晴らしい！　宇崎さん。何でそんな言葉が浮かんでくるんですか？
宇崎：以前に私の父が、ボソッと言っていた言葉です。うちの病院で幼い入院患者が亡くなった時に、「私の力不足で助けられなかった。死んで詫びたい気持ちだ」って。
亀井：いいお医者さんだね。そんなこと言われたら、「先生の責任じゃありません。悪いのは病気ですから」と、僕なら言ってしまいそうだ。

教授：そうですよね。最初はご遺族に寄り添って、心の痛みを癒すのに注力する。そのステップを踏まないで、いきなり許しを得ようなんて急ぎ過ぎですよね。被害者の視点でいえば、まずは最初のステップとして「癒される」必要がある。次はどんな気持ちになるでしょう。

田貫：先程も言いましたが、僕が遺族なら、居眠りの原因を知りたいですね。会社が悪いのか、運転手個人が悪いのか。悪い奴を罰しないと、心の整理がつかないですから。

教授：原因と責任の所在、これが分からないと腑に落ちないですね。ご遺族というのは「何で死んでしまったんだろうか。何か自分にできることは無かったのか」と自問自答を繰り返すことも珍しくありません。癒されて少し冷静に考えられるようになった後は第二のステップとして「腑に落ちる」が来る必要があります。

田貫：腑に落ちないって辛いですよね。次に進めないから。

教授：そうですね。腑に落ちてからでないと、ご遺族は大切な人の死を受け入れることなど出来ないのです。第三のステップが「受け入れる」です。

宇崎：癒されて、腑に落ちて、受け入れる。そんな遺族の心の推移を知っておくことが大切なんですね。

教授：その通りですが、まだ最後に肝心なものが残っています。それは「忘れようとする」という四つ目のステップです。大切な人の死や悲しみは、決して忘れられるものではない。しかし、人は前に進むために、悲しみを忘れる努力はするものです。

だから、慰謝料などは、忘れる努力の後押しとなる使い道を提示するといいのです。実際にあった話ですが、労災事故を起こした企業が、ご遺族にこんな提案をした例があります。「日頃から息子さんは、ご両親に新しい家を建ててあげたいと言っておられたそうです。その、親孝行の代わりを私どもにさせて頂けませんか」と。

田貫：なるほど。それで……どうなったんですか？

教授：それまで示談を拒んでいたご遺族が、受け入れてくれたそうです。息子の命の代償は受け取りたくない。しかし、息子の親孝行なら受け入れてもいい。そんなお気持ちになられたんでしょう。

亀井：息子からのプレゼントのように感じますからね。

教授：被害者が踏む①癒される、②腑に落ちる、③受け入れる、④忘れようとするという四つのステップ。個人差はありますが、多くの場合、このようなステップを踏む方が多いことを覚えておいて下さい。①の段階なのに「事故の原因がこれこれで」と論理的な説明をしても、反発を招くだけです。

組織が再生に進むには、ご遺族など被害者、あるいは世間が謝罪を受け入れてある程度解毒が済んでからになります。焦ってしまうと反省していない、と更に批判を浴びることになるのはおわかりでしょう。

なお、再生のステップで留意すべき失敗のパターンは三つあります。

第一に、事態の沈静化を焦ってオーバーシュートをしてしまう。すなわち発言や行動が大げさになってしまったために、身動きが取れなくなったり、莫大なコストがかかってしまったりすることがあります。

第二に、早い段階で出口戦略を仕込まないと間に合わなくなってしまう。解毒が終わってから再生の策を打ち出すべきではありますが、どう再生させるかについて解毒を終えてから考えていてはスムーズな再出発ができなくなってしまいます。

第三に、取引先などのステークホルダーへの情報提供を怠ってしまう。そうすると、不安や動揺から信頼を揺るがし、良い関係でいられなくなることに繋がります。

この三つの失敗に注意しないと再生が遅れてしまいます。

望ましいコメントの出し方

教授：皆さん、企業がこんなコメントを発表するのを、見たり聞いたりしたことありませんか？　「捜査にかかわる事なのでコメントは控えさせて頂きます」。どんな印象を受けますか？

宇崎：時々見掛けますが、何か、決まり文句というか無愛想で嫌な感じがします。

岐常：そうそう！　悪い事をして捜査されている立場なんだから、もう少し謙虚であってほしいわ。

亀井：警察や検察の機嫌を損ないたくない、という気持ちもあるんじゃないかな？

田貫：コメントをしたくないから、捜査を口実にしているのかも。

教授：亀井君の指摘は当たっています。実際に捜査機関のほうから「安易に情報を開示すると捜査妨害になりますよ」と言ってくる時もあります。また、田貫君の言う通り、企業が情報を出したくない時にも使います。捜査が始まったなんて記事が出たら、社員や取引先に動揺が走りますから。

田貫：株価が暴落する可能性もありますよね。

教授：それもありますね。しかし、そんな明確な理由ではなくて、ただ答えにくい質問をされた時にも使いますね。たとえば「いつ社長は知ったのか？」とか「誰の指示で行ったのか？」とか。しかし、宇崎さんや岐常さんと同じように、「捜査が始まっているのでコメントを控える」では、質問した記者の反発を買います。何よりも、記者の向こうにいる読者や視聴者の印象が悪くなります。では、どんなコメントを出したら良いと思いますか？

宇崎：素直に「警察から口止めされていますので」と言うとか。

亀井：口止めされてなかったら嘘になるし、口止めされていたら、それをバラすことになるから、いずれにせよ警察を怒らせるんじゃないかな？

岐常：「捜査妨害になる恐れがあるから」と言えば、いいんじゃないですか？

田貫：読者や視聴者の印象を考えたら、「今は捜査に全面的な協力をしています。そのために、コメントは控えさせて頂きます」が望ましいかな。

教授：だいぶ焦点が合ってきましたね。もう一段踏み込んでコメントを検討してみましょう。捜査に支障をきたすのはどのような場合かを考えてください。

宇崎：テレビの刑事ドラマなんかで出てきますよね。共犯者が逃亡してしまうとか。

岐常：逃亡もあるけど、証拠湮滅もあるよね。そうか！　それを理由にすればいい？

教授：（笑）「共犯者が逃亡するから」とか「証拠湮滅の恐れがあるから」とか、そんなコメントを出すと、まるで、それをやりかねない会社、という印象を与えてしまうんじゃないでしょうか。それよりも、コメントは〝公益〟という視点を持って考えてみてください。日本は法治国家だから、法の番人——これを司直と呼ぶが——の邪魔をしない。それが公益です。そんな視点で考えるのです。

亀井：検察官や裁判官の邪魔をしない、というのは何か？　そうか、「司直が間違った判断をしないために」がいいのか？　いや、それは失礼だな。司直に対して。

田貫：それなら「事情聴取や裁判の証言に影響を与えないために」とか。

宇崎：確かに！　会社が「やってない」と公式にコメントしたら、社員も「やってない」という供述や証言をするわね。会社から叱られちゃうから。

教授：その通りです。もう少しで良いコメントが出来そうですね。捜査が始まっているという情報は、捜査機関からマスコミに漏れることが多いものです。だから、ほとんどのケースで、隠したって意味がない。ですから、会社は腹をくってコメントを出すべきです。望ましいコメントは、「会社のコメントが事情聴取に影響を与える恐れがありますので、起訴の段階までコメントは控えさせて頂きます」となります。

田貫：先生。なぜ捜査機関はマスコミに情報を漏らすんですか？
教授：マスコミから情報をもらうため。あるいは、世論すなわち国民の処罰感情を高めるためでしょう。公益を背にして戦うために。
亀井：捜査機関が「情報を出すな」と言ってくる時がある、とおっしゃいましたね。そんな時には、どんなコメントを出したらいいんですか？
教授：「捜査の有無および詳細な情報開示につきましては、司直の側の専権事項と認識しております」という理由を述べた後で、「司直を尊重するために、コメントを控えさせて頂きます」と語るべきです。肝心な事は私益を守るためにコメントをしないのではなく、公益を守るため。そんな印象を記者や読者・視聴者に与えることです。
宇崎：そのコメントなら司直は腹が立ちませんね。
教授：念のために「事情聴取に影響を与える恐れがありますので」というコメントを出したいと司直に伝えて、了解を得ておくべきですけどね。彼らを敵に回さないために。
まとめると、一つのひな型としては、次のようになります。
「このたび報道されている事件（事案）については、関係者の方に多大なご迷惑、ご心痛をおかけしており誠に申し訳ありません。
現在、さまざまなお問い合わせをいただいておりますが、捜査の有無も含めて詳細な情報開示につきましては、司直の側の専権事項と認識しております。この段階で弊社がコメントすることは、事情聴取その他捜査にも影響を及ぼしかねないため、起訴の段階までは控えさせていただきます」

ただ、一つ一つの事件（事案）によって発するメッセージは異なります。決してこうしたひな型をそのままコピペして用いるようなことがあってはなりません。起訴の段階を待つまでもなく、積極的に情報を開示しなければならないケースもあれば、起訴されたとしても開示できないケースもあります。それについてはこのゼミで扱っている、さまざまな視点から検討してください。

マスコミの「大義名分」を知っておく

教授：ここまで何回か、マスコミ対応について扱ってきました。さて、新聞やテレビなどのマスコミは、なぜ新型コロナの感染者数を毎日報道するんだと思いますか？

宇崎：建前としては感染者、クラスターを増やさないためかと思います。流行の実態を報道して注意を促す。今、危ない状態ですよって。

教授：そうですね。〝被害の拡大防止〟。では、どこでクラスターが発生したかについては、なぜ報道するのでしょうか？　へたをすると営業の妨害になりかねませんけど。

田貫：高齢者施設のように、類似する施設がたくさんある場合、他でもクラスターを発生させないため。注意喚起をして再発を防止するためだと思います。

教授：正解です。では、週刊誌が芸能人の不倫を報道するのは、なぜでしょうか？

亀井：僕はＡＫＢ48のファンですが、応援しているメンバーの動向は報道で知りたいですね。不倫しているような子だったら、ＣＤを買って握手会なんか行きませんから。

教授：芸能人の私生活を伝えることに大義名分があるかどうかは微妙ですが、亀井君をＡＫＢビジネスへの出資者だととらえれば、〝ステークホルダー（利害関係者）の知る権利を満たす〟という解釈が可能ですね。企業で言えば、株主の知る権利を満たす、に該当します。では、政治家の言動を批判するのはなぜでしょう？

岐常：〝権力者の監視〟じゃないですか。汚職によって政策を歪めたり、税金を無駄遣いしたりする政治家が後を絶たないですから。

顧問：みんな、視点が鋭くなってきたね。①被害の拡大防止、②再発防止、③ステークホルダーの知る権利を満たす、④良き社会を実現するための権力者の監視。この四つが、マスコミを突き動かす原動力なんだ。大義名分と言ってもいい。逆に言えば、これにあてはまらない報道には大義名分がないだけ、「なぜそんなことを取材して広める必要があるんだ」という批判を浴びやすい。芸能人の不倫報道などは「そういうことをするのはモラル上問題があるという啓発」といった理屈を作れなくもないけれども、公益性に欠けると言われても仕方ないでしょう。

教授：横領は犯罪ですが、誰も知らないような地方の小さな会社の少額の横領と、知名度の高い上場企業の横領とでは扱いが異なります。これは③のステークホルダーの多さ、企業の持つ社会的責任が異なるからです。

四つの原動力が存在する事案については、大義名分があるのですからマスコミの向こうには多くの国民がいると考えなくてはなりません。容赦のない取材や報道がされるということを肝に銘じる必要があります。したがって、取材拒否や中途半端な回答は、絶対にやってはいけない。解毒や反証の機会を自ら放棄するものですし、同時に記者に後ろめたいのだとみなされて、より踏み込んだ厳しい記事を書かれてしまいます。

香川照之氏の銀座ホステスに対するわいせつ行為が発覚した時、取材拒否をしたためにさらに厳しい続報が相次いだことが象徴的でしたね。

田貫：でも、中には事実誤認や曲解した記事もありますよね。書かれっぱなしも、癪に障ると思うんですが。

顧問：もう二〇年ほど前のことだが、週刊誌が出版差止めになったことがあった。田中眞紀子元外相の娘が、プライバシーの侵害を理由に出版差止めの仮処分を申請したんだよ。これを東京地裁が認めた。記事には公共性がない、すなわち公益が無いとしてね。だから、決して書かれっぱなしにしておく必要はない。

教授：**マスコミは三つの壁に守られています。今出た〝公益の壁〟の他に〝引用の壁〟と〝反論の機会提供の壁〟です。**〝引用の壁〟は、本人が自ら発信したものや、他のメディアが書いた内容を本人が追認していた場合。

〝反論の機会提供の壁〟は、マスコミ側が取材を申し込んだにもかかわらず、それを拒否した場合ですね。逆に言えば、当事者への取材依頼もせずに書いた記事は、壁で守られません。ですから、訴訟を起こして勝てる可能性が高いのです。もちろん、記事の内容が真実で公益性が高い場合はダメですが。

亀井：ＡＫＢのメンバーは恋愛禁止ですが、もしマスコミに疑いを持たれたら、どんな対応が望ましいんですか？

教授：憶測記事を書かれるくらいなら、正々堂々と「インタビューに応じますよ」と、逆に取材を持ち掛ける手もありますね。

宇崎：マスコミから狙われない方法って何かあるんですか？

教授：「褒め記事は叩き記事の母」という言葉を覚えておいて下さい。たとえば、愛妻家とか子煩悩と褒められると、不倫や夜遊びが報道されやすくなります。意外性すなわちニュースバリューが高くなるので。ですから、応援している人が、清廉潔白なイメージを演じ過ぎると危ないかも知れません。

企業も全く同じで、急成長をもてはやされたり、自ら宣伝し過ぎたりすると、成長の鈍化を指摘されやすくなる。社会貢献やＳＤＧｓへの取り組みを表に出し過ぎると、他社と比較されて不十分だと書かれやすくなる。マスコミ対応が必要な局面では、マスコミ側の論理を頭に入れたうえで対応を考えてもらいたいものです。

ここでも必要なのは、相手方の視点、論理で考える習性を身に付けておくことです。「そこまで意地悪な捉え方をしないのでは」「こんな細かいことまで聞いてこないだろう」などといった楽観的な考え方は禁物。もしも自分が記者だったら、どんな論理で「情報を公開せよ」と迫るのか、どのあたりの説明を不自然、不十分に感じるかを事前に徹底的に考えなくてはならないでしょう。

地図、方位磁石、ビニール袋、鈴

教授：基礎理論編を終えるにあたり、ここから三回は、危機管理にあたって個人としてどのような能力を磨けば良いかといった総論をお話ししてみます。平時においても重要なものばかりですが、危機に際しては特に重要になってきます。

皆さんが富士の樹海の真ん中に連れて行かれたとしましょう。季節は秋で時間は午前一〇時。天候は曇り。昼食は紙袋に入ったベーコンハンバーガーとペットボトルの紅茶。その周辺には、野生の熊が出たとの情報があると仮定しましょう。皆さんは、次の四点の中から一つだけ選んで持って行ける。何を選びますか？

①現在地を記してある富士山周辺の地図
②方位磁石

③高性能のチャック付ビニール袋
④腰にぶら下げることができる鈴

宇崎：私は地図ですね。早く抜け出すために、最短のルートを探す必要があるから。

亀井：地図があっても、方向が分からなきゃ意味ないでしょ。曇りだから太陽は見えないから、僕は方位磁石を選びますね。

岐常：私の出身地の岩手では、「山菜採りで山に入る時は必ず鈴を付けていけ」と言われます。熊と鉢合せにならないように。だから鈴かなぁ。

田貫：確かに、秋の山の熊はヤバイよね。冬眠するために必死で餌を探すから。ベーコンハンバーガーなんて、熊が好きそうだね。匂いで熊をおびき寄せちゃうから、僕は匂いを遮断するビニール袋が欲しいね。

教授：皆さん勘がいいですね。どれも必須のアイテムです。危機管理で必要な情報に関する能力には大別して次の四種類があります。

①情報収集力

②情報分析力
③情報伝達力
④情報機密力

田貫君。四つのアイテムが、どれに該当するか分かりますか?

田貫：方位磁石は方向という情報を〝収集〟する道具ですよね。ビニール袋は匂いという情報が洩れないように〝機密〟してくれる物。地図も情報を〝収集〟する道具かな。

亀井：地図は選ぶべきルートを〝分析〟するための物とも言えるんじゃないかな?

岐常：鈴は「人間がここにいるよ」という情報を、熊に〝伝達〟する道具よね。

教授：正解です。皆さん、今の事例を画像として頭に記憶しておいて下さい。そのほうが忘れませんから。では本題に入りましょう。ここからは、より現実的な危機管理の話です。東海地震が発生し、ある会社の名古屋支店が甚大な被害を受けたとしましょう。支援のためには、現地の道路状況を知る必要がある。でも支店の電話はつながらない。どのようにして情報を〝収集〟するか。皆さんで討論してみて下さい。

岐常：国土交通省のＨＰを見るとか。

亀井：僕も熊本地震の時に見た。父と一緒にボランティアに行こうと思って。けど、幹線道路の情報しか見られなかったよ。
宇崎：NEXCOに問い合わせるとか、ダメかしら？　カーナビでルート検索するとか。
田貫：NEXCOは高速道路が中心だし、ナビに通行止めの情報が反映されるには、かなり時間がかかると思うよ。
教授：どこが情報を持っているか。情報が無いと困るのは誰か。そんな視点で考えてみて下さい。
田貫：あっ！　そうか。宅配便の会社だ。配送できなければ仕事にならないから。道路にも詳しいし、配送の拠点が各地にあるから、きっと情報を持ってますね。
教授：その通り。私も東日本大震災の時に、近所にある宅配業者の営業所に聞きました。東京から福島県の相馬市に宅配便を送れるか？と。クライアントの工場があったから。「現時点では郡山までが限界。送れる状態になったら連絡します」という答えでした。貴重な情報源でしたよ。今では国交省のHPからも物流会社の配送状況を見られる仕組みになっていますが。
　東日本大震災の時には、当時の枝野官房長官が「東京都の水道水の乳児への摂取制限をします」と、いきなりの発表をしました。それが原因で首都圏はおろか中部地区まで、飲料水がコンビニやスーパーの棚から消えてしまったことがありました。
宇崎：かすかに覚えています。お母さんと一緒に探したから。
教授：明らかな〝情報伝達力〟の欠如です。最初に「これは念のための予備的な措置です」と前置きをしてから言わないと、国民は緊急措置だと思い込みますから。次に、東京二〇二〇では〝情報機密力〟の失敗事例がありましたが、分かりますか？
亀井：僕はJリーグのファンだから分かります。大会組織委員会の会長候補として名前が上がった川淵さん。情報を漏らしたために就任できませんでした。
教授：情報の収集力、分析力、伝達力、機密力。どれも危機管理には欠かせません。危機管理はスピードと繊細さが必要ですから、情報能力と言うよりも情報感度と呼んでいます。

総じて情報に対する感度を高めるためには「やみくもに情報を扱わない」という点が大切です。

収集力の感度を高めるには、常に情報を疑ってみることが大切です。そして、その情報の根拠に辿り着く習慣を付けると良いでしょう。

分析力の感度は、多角的な視点を持つことが重要です。違う立場から見れば全く違う見え方をしていることがあります。

伝達力の感度は、発する情報の影響や反応（相手にどう受け止められるか）を予測しながら方法と時期を決めることが大切です。

機密力の感度は、発した情報の流れ方や悪影響を考えながら行うことによって高めていくことができます。

常に意識して、感度を高めていきましょう。

良い人間関係を築く五つの能力

教授：学生時代は好きな人や気の合う人と、人間関係を築くことが多いですね。しかも、年齢も近いし立場も対等。ところが、社会人になると違ってきます。仕事の上では、好き嫌いなんて言ってられません。人間関係が良好でないということは、リスクを高めることと直結します。一方で、誰とでも仲良くなれればそれに越したことはありませんが、そうはいかないのも世の常です。

リスクを下げるためには、好き嫌い、相性などとは別に「良い人間関係」を築くように心がける必要があります。しかし、単に「良い人間関係を築こう」と思うだけでは実現できない。ではどういう心構えを持つ必要があるのか。今回はこれを考えてみます。
皆さん、嫌いなタイプの人が上司になったらどうしますか?
宇崎：私は相手の良いところを何とか見つけて、好きになろうとします。
岐常：私は……面従腹背でいくと思うな。
亀井：僕は接点を最小限にしますね。会社にいる時の仕事だけの関係にするとかして。
田貫：僕は相手の得意と不得意を見極めて、得意な分野で付き合うようにします。釣りが好きな人なら誘って一緒に行くとか。
教授：人それぞれで、個性も出ていて興味深いですね。私は良好な人間関係を築くには、五つの能力が必要だと思っています。

①開始する能力
②デザインする能力
③維持する能力
④修復する能力

⑤収束させる能力

①の開始する能力から説明しましょう。一番目のキーワードは〝フックを探す〟です。

田貫：得意な分野、すなわち釣りなどの共通の趣味を見つける、ですか？

宇崎：好きな料理なんかもありますよね。私……スペイン料理に誘われたら、喜んで行っちゃいますので。

亀井：僕もオンラインゲームなら相手を選ばないなぁ。

教授：いずれも正解です。営業部門などに配属されたら、「開始する能力」は欠かせませんね。社内の場合、嫌いな上司であってもそもそも強制的に関係は始まってしまっています。普通はそういう相手でも、自分よりも秀でた部分、業務の上で卓越した部分があるはずで、そういうところに興味を持ち、質問をする、といったことも良いかもしれません。逆に、上司が苦手としていて、自分が得意な分野だってあるでしょう。それが開始のきっかけになることも珍しくありません。パソコンが苦手な人に親切に教えてあげて感謝される、なんてのはよく聞く話ですよね。

亀井：でも、その手の話では「何でもかんでもおじさんが頼って聞いてきてうっとうしい」なんて愚痴もついて回るような気も。
教授：それはそれで人間関係を悪くしますね。だから②のデザインする能力が必要になるわけです。亀井君が言った〝最小限に〟〝仕事だけの〟はこれに関係しています。
岐常：仕事と私生活とのバランスを意識して、自分にとって快適な比率を決めるということでしょうか。
田貫：比率も重要だけど、人間関係の濃さというか距離感も大切ですよね。
亀井：公私の比率が面積で、それに距離を加味したら体積になりますね。立体的になるからイメージしやすいですね。
教授：デザインする能力が欠落していると、必要以上に密接になったり、逆に疎遠になりすぎたりします。いずれもリスクを高めます。もちろん建築物の設計などとは異なり、厳密に図面を描くことはできないでしょう。でも、「この人とはこのくらいの距離感で」とか「この人とはここまではつきあうがこれ以上はＮＧ」と意識して線引きをすることはとても大切です。
一時期よく聞いた話は、会社の人がいつの間にかフェイスブックのアカウントを特定していた、というようなケースですね。本当に趣味や気が合う相手で、休日も共にしたい相手ならば問題ないのですが、単なる同僚に私生活のことを知られるのはあまり好ましいことではないと思う人が多いのではないでしょうか。だとすると、「基本的に会社の人とはSNSではつながらない」とか「休日は極力同僚とは連絡を取り合わない」とか自分なりのルールを決めておく必要があります。

また残念ながら、世の中には一定数、常識が通じない相手がいます。その場合にはどれだけ距離を置くかがデザインのポイントとなるわけです。社内だろうが社外だろうが、そういう相手との接点は極力減らすべきでしょう。では③維持する能力に移りましょう。

宇崎さん、何か思い当たりますか？

宇崎：私、元カレに言われた事があるんです。「君とはギブ&テイクが成り立たない」って。プレゼントを貰っても、お返しをしなかったから。それですか？

教授：そうですね。でも、お返しをしなくても、心のこもった手紙でも十分ですよ。企業ではお礼状、今はメールで済むことも多いでしょう。

仕事のことでアドバイスをもらった先輩に、その仕事がひと段落した時点でお礼や報告をする。それも「お返し」でしょう。アドバイスをもらった時点でお礼を言ったから十分、と思うかもしれませんが、それでは維持する能力は低いように思います。先輩のほうは、遠くから「あの件はどうなったかな」と心配してくれているかもしれません。それなのに何の報告もなければ、どこか寂しく思ったり、時には「恩知らず」と思ったりするかもしれません。元カレには、そのプレゼントを愛用していることを時々伝えれば良かったかもしれないですね。

さて、宇崎さん。関係が悪化した時の④修復する能力って何だと思いますか？

宇崎：以前に教えて頂いた、解毒というか謝罪ですね。でも先生、こちらが悪い時は謝罪ですが、相手が悪い時には……どうしたらいいですか？

教授：多くの企業が、修復の場面で失敗しています。不手際を起こした業者をいきなり批判、時には罵倒する。そして、それを放置したままにするから、関係を悪化させてしまうのです。あるいは、問答無用で部下を叱責してパワハラになるとか。

岐常：私……やってしまいそうです。どうしたらいいんですか？

教授：最初は聞く。次にお願いする。それがダメなら要望する。それでも改めない場合は、措置を通告する。そして、最後の手段としてデザインを変更するといいですね。修復は段階的に行うのが秘訣。これは⑤収束させる能力にも役立ちます。収束はようするに「関係を円満に解消する」ということですね。

岐常：修復と収束か。私は苦手だな。元カレとは全て決裂して、絶交状態なので。
教授：彼との別れでは「収束させる能力」が特に重要ですよ。失敗すると彼がストーカーになったりしますので。宇崎さんなら……どんな工夫が必要か分かりますか？
宇崎：えー！　私……分かりません。
教授：何よりも、付き合った時間と同じ時間を費やして別れる。そんな工夫が必要です。決して急いではいけません。
顧問：半日かけて登った山を、一時間で下るなんて無理をすると滑落する。人間関係も同じなんだよ。それと、人間関係を収束させる必要性、裏を返せば続ける弊害を伝える必要もある。「今なら良い思い出を残し、良い友人になれる」というような言い方もあるだろう。ビジネスの場合でも、唐突な絶縁、取引停止などは、よほど相手に問題がない限りは避けたほうがいい。『下町ロケット』『半沢直樹』など池井戸潤作品では、大体、そういう絶縁をした相手から最後は倍返しをくらいますよね。
　縁を切りたいと思う相手に対して、キツい言い方をしたいこともあるでしょう。「せいせいする」と伝えたいことも。でも、本当にそういう物言いをしたほうがいいのかどうか、そこは一度立ち止まって考えるようにしたほうがいい。

人間関係というのは漫然ととらえていてはうまくいかないことが少なくない。何も考えずに上手に構築できるのは、天性の才能があるような人だけです。ここに挙げた五つの能力のうち、自分はどこが足りないか、一度チェックしてみてください。人間関係のトラブルの原因がそこにあることが多いはず。そこを意識して改善するのはリスクを減らすことにつながるよ。

コミュニケーションが難しい局面で

教授：人間関係について別の角度から議論してみましょう。皆さんの中に、自分は他人とのコミュニケーションが苦手、という人はいますか？　またそれが、どんな場面なのかも含めて答えて下さい。

宇崎：私はノーを言えない人なので、何かをお断りする場面です。

亀井：僕は人を説得するのが苦手。他人に介入するのが、好きじゃないから。

岐常：私は素直に謝ることができないわ。負けん気が強いから。

田貫：僕は放任主義の家で育ったので、厳しく叱られたことが少ない。だから、叱ることは上手くできないと思います。

教授：いま出たのは、①断る、②説得する、③謝る、④叱る、ですね。それに⑤共有するを加えると五つになります。これが、コミュニケーションにおいて最も難しくて、かつ重要な危機管理の場面となります。過去に大きな騒ぎとなった事例が無いか、思い出して下さい。

宇崎：吉本興業が闇営業問題で批判されていた時の社長のグダグダ会見。あれって、〝謝る〟の失敗ですよね。

岐常：東北新社による総務省の官僚への接待。あれは当時の総理の長男がいたから、官僚たちは〝断る〟ことができなかったということでしょうか。

亀井：新型コロナの対策で国と地方自治体は足並みが揃わなかった。特に政府と東京都は。対応方針を〝共有する〟ってことが、できなかったんじゃないですか？

田貫：政府は国民とも共有できていなかったよね。ＧｏＴｏイートで国民にＧｏを出したかと思えば、五人以上で飲食店へ行くなと止める。国民は戸惑いの連続でした。

顧問：政府の失敗は〝共有する〟もあるが、地方自治体や国民に対して〝説得する〟のを失敗したとみることもできる。

教授：企業やスポーツ界で頻繁に発生するパワハラ。あれは、どれの失敗かな？

田貫：〝叱る〟の失敗ですね。背景に練習方針の共有や説得などの失敗もあるかも知れませんが。
教授：〝叱る〟ときに、パワハラを避ける秘訣は何だと思いますか？　宇崎さん。
宇崎：私の母は私を叱るときに、言葉が次第にエスカレートしていきます。父は逆です。音楽的に言えばデクレッシェンドです。そのほうが傷つきません。
岐常：うちの両親は、いつも損得で叱ってきますね。そんなことすると、こんな損をするけど、それでも続けるの？って。だから気付きを与えられる感じです。
教授：確かに、それは叱りながら〝説得する〟感じですね。パワハラを避けるには、結果を急いではいけません。まず相手との温度差を解消する。たとえば、勉強する気がない子供には、勉強する意義を理解させることから始めるのです。
田貫：〝共有する〟場合にも、温度差の解消が必要ですよね。
教授：その通りです。しかし、方針や情報を〝共有する〟ためには他にも大切なことが沢山あります。特に政府と国民、社長と従業員など、上下関係がある場合です。上に立つ人は、第一に、総論を語ってから各論を語る。第二に、相手の理解と頭の整理、あるいは記憶の促進と喚起を手伝ってあげることが大切です。

宇崎：先生がよくおっしゃる、危機管理には四つのステップがあるとか、遺憾などの言葉を使うとイゴオシマイになる、あれですね。記憶の促進と喚起を手伝うって。

教授：そうですね。理解と記憶を手伝うには事例も有効です。たとえ話なんかも効果的です。事前の情報開示の重要性については、多くの言葉を尽くす必要はありません。「情報が無いと、熊と人間が山の中で鉢合せした状態になる」の一言で、理解と記憶を促すことができますね。

岐常：私は単刀直入に断って、相手と対立することが少なくありません。謝るのも苦手です。何か秘訣があったら教えて下さい。

顧問：〝断る〟場合は「受け入れられない裏側の事情」などを語る。たとえば、ヴィトンのバッグを貸してくれと友達から頼まれたら、「彼氏からのプレゼントだから、常に持っていないと気を悪くするので」と言ってお断りするとか。「何となくイヤ」というのが本音かもしれないが、何らかの事情を考えたほうがいい。〝謝る〟場合は相手の言い分を、こちら側から先に言うと良いだろう。たとえば「道路が渋滞していて」なんて言い訳するより、「遅刻して、あなたの時間を無駄にさせてしまったね。申し訳ない」と謝罪するほうがいいね。

岐常：あぁ、そうですね。それなら角が立ちませんね。
教授：まとめると、危機管理には、五つの難しいコミュニケーションの場面があります。それぞれの局面での基本をおさえておいてください。

①断る——頭ごなしに否定せず最後まで話を聞き、そのうえで断らなければならない場合は受け入れられない事情や、受け入れた時の弊害を伝える
②説得する——まず相手に考える時間を与えて温度差の解消に努め、その後展開の予測とともにこちらの意見を伝える
③謝る——まず相手の言いたいことをこちらから先に言ってしまう。そして相手の痛みに理解を示し、痛みのバランスを取る姿勢を見せる
④叱る——言動による損失から伝え、次第にトーンを弱めることを心掛けながら注意していく
⑤共有する——相手の理解や記憶を手伝うため、内容を整理したうえで語る

第三章　危機管理ゼミナールⅡ　応用編

責任の所在を定める

教授：今回からは応用編に入ります。なるべく具体的な失敗例などを扱いながら、ロールプレイング形式で皆さんに考えていただき、そのうえで教訓を述べていくこととします。

最初の舞台は、ある中学校のサッカー部。県外への遠征試合のために組んだ旅行の初日。その昼食のお弁当で、ノロウイルスによる食中毒が発生した。そんな事例を研究してみましょう。ケースを二つに分けて。一番目は、顧問の教師が旅行の手配を、すべて地元の小さな旅行会社に委託したケース。昼食のお弁当も、旅行会社が、格安を売りにした、個人経営の地元の惣菜店を選んだものとします。大量受注の経験に乏しく、危機対応にも慣れていない店です。その場合、学校はどんな責任を問われるのか？　議論してみて下さい。
岐常：公式なクラブ活動なんだから、学校には総ての責任があるんじゃないかしら。
宇崎：総てを委託したんだから旅行会社にも責任はあるんじゃない？
田貫：大手じゃなくて、地元の旅行会社を選んだのは教師すなわち学校だから……。やっぱり、学校の責任が重いと思うな。
亀井：でも……一番の責任は、惣菜店でしょ。そのお店を選んだのは、学校ではなくて旅行会社。やっぱり、責任は旅行会社どまりだと思う。
教授：皆さんの意見はどれも一理ありますね。だから迷いますよね。そこで、次は〝食中毒は誰が防ぎ得たか〟と、〝誰かに不作為があったか〟という視点で考えてみて下さい。
田貫：誰が防ぎ得たかと言えば、一番目は惣菜店。二番目は旅行会社。旅行会社が大手のスーパーに弁当を発注していたら、食中毒の可能性は低かったと思う。
岐常：そうよね。管理が厳しい大手のスーパーを選ばなかったことから、不作為という批判は成り立つわね。安全を優先しなかったんだから。
亀井：顧問の教師も、弁当の調達先を旅行会社に厳しく問わなかった。その不作為はあるんじゃないかな？

教授：その通りですね。顧問の教師すなわち学校には、小さな旅行会社を選んだ責任と、弁当の調達先をチェックしなかった責任を問われる可能性がありますね。もちろん大手だから絶対大丈夫なんてことはないのですが、トラブルが起きた際には、この選択に一定の批判が集まる可能性は高いでしょう。その意味で、二つの責任について生徒や保護者に謝罪しなければならない、ということです。

　では二番目のケースに移ります。顧問の教師がバスも弁当も総て自分で手配したとします。ただし、昼食の弁当は有名デパートの地下で購入しました。この場合、中学校はどんな責任を問われると思いますか？

宇崎：教師が総て自分で手配したなら、学校が実施責任を問われると思います。

亀井：そうかなあ？　遠征試合の実施はどの学校でも行うことだし、部活の一環なんだから。実施したこと自体で、責任を問われることは無いような気がする。

岐常：デパ地下の弁当を選んでいるから、不作為を問う声も強くはなさそうね。

田貫：あとは、弁当の保管に不作為があったか否かだね。でも、昼食だから、そんなに時間は経過していないよね。

宇崎：ノロウイルスに感染した先生がお弁当を配ったりすると、それが原因で集団食中毒を起こすこともあるのかな？

教授：極めてレアなケースですが、無いとは言いきれません。保健所の調査結果を待つ必要があります。感染の原因が先生だった場合は、総て学校の責任になってしまいますね。しかし、そのケースを除けば、学校の責任が厳しく問われることはありません。分かりにくいので〝岸〟を図に書いて説明しましょう。

今回の食中毒の関係者の位置関係はこのようになる。本来なら、学校は中間点の位置にある。ところが、弁当店や旅行会社に危機管理能力が乏しいと、中学校は左の加害者側に押しやられてしまうのです。結論を言えば、危機管理能力の高い弁当店や旅行会社を使えば、中学校の責任は軽くなります。大手なら、謝罪会見なども自ら開催するので、学校はマスコミにも叩かれにくくなるということです。もちろん、宇崎さんが言ったような、先生に過失があった場合は別ですけど。

宇崎：危機管理って不思議ですね。自分で総て手配しても責任を問われないこともあれば、他人に丸投げしても責任を問われることもある。

教授：そうですね。だから、こういう場合には、まず〝岸〟の図を書いてみる。その上

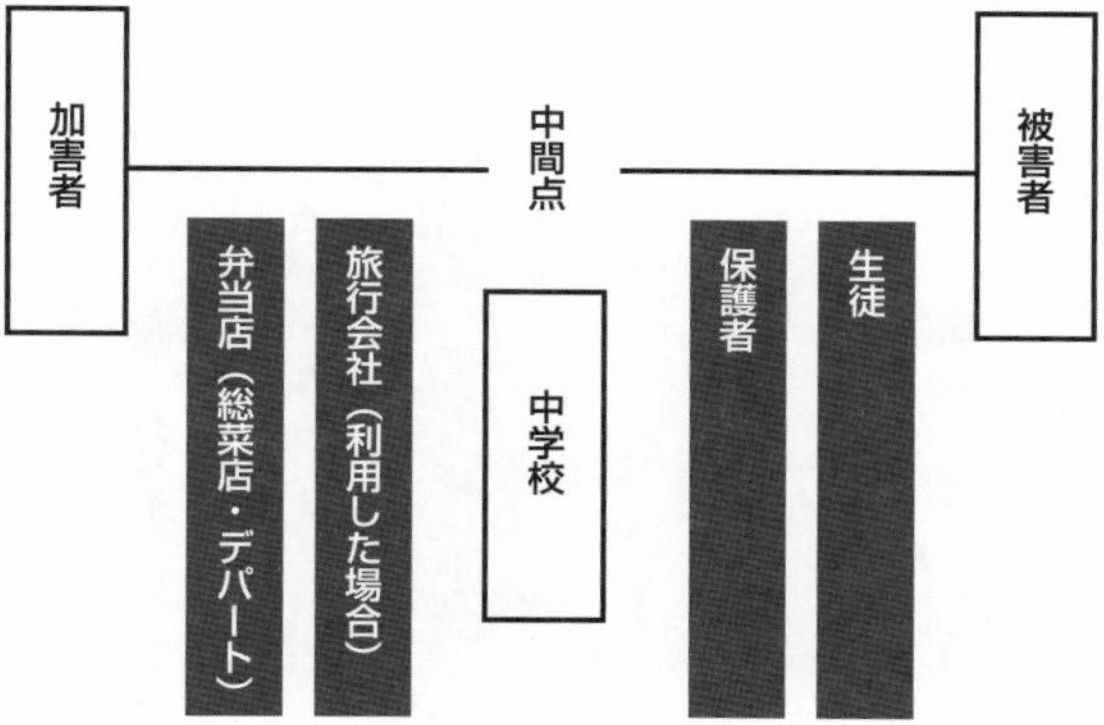

「誰が防ぎ得たか」「誰かに不作為があったか」
食中毒事件の関係者の位置関係

で、自分よりも加害者寄りの存在の危機管理能力を推し量る。その強弱を踏まえて、対応の方針を立てる必要があるのです。

　ここでは旅行や弁当を題材としましたが、企業ではシステムを発注する際にこうした視点を持つ必要が高まっています。実績のない会社に個人情報の管理を任せたことで、情報流出が起きた場合には、間違いなく発注した側の責任が問われるでしょう。目先の経費だけではなく、いざことが起きた時に、自分たちが岸のどこに立てるかを考えるようにしてください。

法律と危機管理の危うい関係

教授：今回のテーマは法律と危機管理です。

法学の演習ではないので安心して下さい。
皆さんが、財閥系のマンション販売会社に就職したと仮定します。その会社が販売した物件が、震度6弱の首都直下地震で傾いてしまった。リビングの床でビー玉が転がるほどです。原因は基礎の杭工事で手抜きが行われたとします。しかし、分譲してから既に一二年も経過しています。販売会社として、どのような対応をすべきかを議論してみましょう。まずは法律にも詳しい田貫君から。どのように思いますか？
田貫：不動産の瑕疵担保責任（契約不適合責任）の時効は、確か一〇年だったと思います。それを過ぎていますので、販売会社に修理や賠償の責任は無いと思います。しかも、大規模な災害の場合は、保険も免責されますから、販売会社も免責されると思います。
岐常：でも、杭工事の手抜きが原因なんだから、建築基準法違反の物件ですよね。そんなものが、免責されてしまうんですか？
宇崎：そのマンションを建てた建設会社が責任を負うべきかと思います。
亀井：建設会社は杭打ちなどの基礎工事を自分でやらない。横浜の傾きマンションの時にも、建設を担当した大手ではなくて、有名企業の子会社が杭打ちをやってたよ。だから、杭打ちをやった会社が責任を負う、というのが正しいいんじゃないかな？

田貫：でも、それって食品の偽装の時に習ったよね。その業者を選んだ責任があるって。
亀井：そうだけど、〝岸〟で習ったよね。大手の業者に依頼したら大丈夫だって。
教授：瑕疵の程度にもよりますが、おそらく法的には販売会社は免責になる可能性が高いでしょう。しかし、危機管理として考えて下さい。こんなマンションを売った販売会社を、皆さんは信用しますか？　傾いても賠償しない会社からあえて買いますか？
岐常：絶対に買いません。でも、販売会社が賠償するのかしら？　気の毒な感じもしますが。
田貫：僕は横浜に住んでいるから、横浜の傾いたマンションの件はよく知ってる。あれは、泥沼の訴訟になっているんだ。販売した会社が施工を請け負った下請け三社に、五〇〇億円ほどの損害賠償を求めて、求められたほうは争う姿勢なんだけど。
亀井：下請けが争う姿勢？　そんなことしたら、二度と仕事を貰えなくなるよね。
教授：亀井君の指摘はとても重要です。まさに危機管理です。法廷で争って賠償が減額されたとしても、その後の仕事が減ったら利益を失いますね。この減額と利益を秤に掛けて、判断を下すのもまた危機管理の領域です。

弁護士は法廷で勝つことを目標とするから、必ずしも危機管理という側面を考慮して

正解を導いてくれるとは限りません。弁護士には世論への配慮をしない人もいる。配慮などしていたら、極悪な刑事事件の被告の弁護などできませんから。弁護士の宿命とも言えるでしょう。危機管理に弁護士は欠かせないけど、彼らの宿命を忘れてはいけないのです。

横浜の件は、販売した財閥系の企業が責任を持って賠償する意思を示しました。しかし、同社は記者会見を開かなかったので、マスコミから厳しい批判を受けました。なぜ開かなかったのか、誰か判る人いますか？

宇崎：建設会社が開くべきだ、と思ったんじゃないですか？

岐常：記者会見で厳しく追及されるのが嫌だったとか？

田貫：私が聞いたのは、別の理由でしたね。「住民への説明を優先して、ある程度の目処が立ってから」と企業側は考えていたようだって。工場で火災を起こして、従業員六名が亡くなったお菓子のメーカーも「遺族への対応を優先する」と言っていたね。それとよく似ているね。

教授：もちろん目の前に居る被害者への説明は重要です。しかし、危機管理としては、もっと大きな視野が必要です。他にも同社の物件に住んでいる人は大勢いますから、その方々の不安も、解消する必要がある。どんな記者会見を開くべきだと思いますか？
宇崎：前に習いました。〝解毒〟に徹した会見です。
亀井：それと、〝岸〟を考えた謝罪が必要です。
教授：どちらも正解ですね。ただし、複数の会社が関与している場合は、合同で記者会見を開くことが重要です。別々に開いて、記者から「責任は御社にあるのか？」と聞かれると、各社ともに「弊社に過失はありません」と答えてしまいがちだからです。すると翌日の新聞の見出しは「業者がなすりつけ合い」になってしまいます。**当事者が複数の場合、〝合同で記者会見〟という鉄則を記憶しておいて下さい。**

記者会見は社会的な制裁を受ける場ですが、それを受けることで法的制裁を免れる可能性もあります。また、法的に勝利することが危機管理の成功とはならないこともあります。それが法律と危機管理の関係なのです。

制裁をきちんと受けるメリット

教授：もう少し制裁について考えてみます。日本大学の田中英壽前理事長が、脱税で逮捕された件を研究してみましょう。皆さん、日大といえば何を思い出しますか？

宇崎：林真理子さんの理事長就任。
岐常：アメフト部員の危険タックルでしょうか。
教授：そうです。あの危険タックル事件と当時の田中理事長の脱税事件。決して無関係ではないと、私は思っています。「因果応報」という仏教の言葉があります。過去の行いが現在の、現在の行いが未来の、幸不幸を決める。これが危機管理にも当てはまるのです。ですから、展開の予測をするために知っておく必要があります。
宇崎：危険タックルで相手の選手に怪我をさせたので、バチが当たったとか。
岐常：バチと言うなら、田中理事長が謝罪会見を開かなかったバチじゃない？
亀井：僕は、アメフト部ＯＢの理事の復帰が関係していると思う。
田貫：確か危険タックル事件の時に、選手に箝口令を敷いたことがバレて理事を退任した人がすぐに復帰しましたね。理事長の側近だということで。
岐常：その理事のほうが、理事長より先に背任で逮捕されたわね。
宇崎：そのお金を、理事長や理事長の奥さんに渡した疑いがあるとネットに出てた。
教授：皆さん、よく調べてきましたね。その通りです。バチというより〝解毒不足のツケ〟と呼ぶべきですが。箝口令を敷いて辞任した理事が復帰。これは、明らかに毒を増やす行為です。反省や再発防止を疑われますから。その毒が、理事の逮捕、ひいては理事長の逮捕を引き寄せたのでしょう。
宇崎：検察は理事への復帰を「けしからん」と思ったのかなぁ？
田貫：「けしからん」と同時に、腐敗の匂いを感じ取ったのかも。「そこに独裁がある。独裁がある所には腐敗が生じる」。
亀井：でも何か情報が無いと、特捜部といえども動けないでしょ。
教授：冴えてますね。特捜部は、どんな所から糸口を見つけると思いますか？
亀井：内部告発ですか？
教授：そうですね。独裁体制では、必ず不満を持つ人が現れます。内部だけでなく外部でも。それが告発の原動力となるのです。
顧問：私はいつもオーナー経営者に言っているんだ。「独裁には二つの副産物がある。〝甘い汁と辛い告発〟だ」と。今回も、病院建て替えのリベートという甘い汁。そして捜査を引き寄せたのが辛い告発。そんな見方をしているよ。
亀井：なぜ田中理事長は背任ではなく、脱税で逮捕なんですか？
教授：田中理事長も背任でいきたい、というのが検察の本音だったかも知れません。しかし、証拠や証言が集まらなければ、脱税でも十分です。独裁による腐敗は取り除けると検察は考えたのではないでしょうか。

田貫：理事長も理事も、辞任という〝社会的制裁〟を受けていれば、〝法的制裁〟を避けられたかも知れませんね。

教授：危機管理では、社会的制裁や法的制裁によるダメージを最小化しようと考えることは間違いではありません。でも、一方で、それだけに固執すると、結局どこかに不満や恨みのエネルギーが溜まってしまって、より大きな制裁となって返ってくることがあるのです。

アドバイザーは上下左右に必要

教授：テニスの世界ランク一位（当時）の、ノバク・ジョコビッチ選手が新型コロナウイルスに関連するトラブルで危機に陥ってしまいましたね。

宇崎：オーストラリアに入国できなくて、四連覇がかかっていた全豪オープンに出場できなくなってしまいました。とても残念でした。

教授：そうですね。「オーストラリアに来るまでに他国へ立ち寄っているか」という渡航申告書の質問欄に、「ＮＯ」と虚偽の記載をした。それで、国外退去になってしまいました。実際は別荘があるスペインに立ち寄っていたことが判明したのです。
宇崎：でも、先生、ジョコビッチ選手は、「渡航申告書はサポートチームが提出した。代理人が間違えただけで、意図的では無い」と説明しました。だから、虚偽申告じゃない、と思いますけど。
亀井：それは変な話だね。そもそも質問欄に「ＹＥＳ」と記入したら、その時点で入国できないんだから。間違えた、は通用しないでしょ。
岐常：問題は申告書だけじゃなかったでしょ。確か、新型コロナのワクチンも、二回接種してなかった。それがルールなのに。
宇崎：彼が一二月に新型コロナに感染したから、医学的に接種できなかったといった理由があったと思うけど。
岐常：それは、入国のビザが取り消された後で、裁判を起こして主張したことでしょ。事前に感染を申告しておけば、入国ビザは取り消されなかったんじゃないの？
宇崎：それはそうだけど。感染を公表するのは抵抗があるだろうし……。
田貫：彼は、ＰＣＲ検査で陽性が判明した直後に、フランスのメディアの取材を受けていたこともあったそうです。相手に告知をしないで。隠蔽体質が透けて見えるよね。
教授：いずれももっともですが、今日はジョコビッチ選手への批判ではなく、彼のディフェンス体制の欠陥を研究するのがテーマです。再発防止という視点で、何が問題だったのか、を議論してみてください。
宇崎：私はサポートチームが悪かったと思います。雇われているんだから、しっかりと仕事をしないと。
亀井：入国審査に詳しい弁護士が付いていれば、スペインに立ち寄るのを止めたと思うけど。
岐常：私は慢心が原因だと思うわ。世界ランク一位で三連覇している自分なら、特例で入国できると思った。あくまで推測ですけど。それに、そんな彼を叱ってくれる、師匠のような人がいなかった。それが問題の根底にあるような気がしてならないのよ。
教授：良い意見が出揃いましたね。師匠、すなわち上から叱ってくれる人。サポートチーム、すなわち下から直言してくれる人。専門知識を持つ弁護士、すなわち横から助言してくれる人。どれも大切ですね。他には思い当たりませんか？
田貫：ジョコビッチ選手には、危機管理のコーチも必要ですね。問題を起こした後の発言が、批判の声を高めてしまいましたから。「申告書の記入は代理人が間違えた。意図的ではない」という台詞は、問題を起こした政治家の「秘書が、秘書が」と同じです。
宇崎：マスコミ対応がダメなのね。それなら、新聞記者のＯＢをコーチに雇うとか。
亀井：でも、このネット時代に情報まで隠すのは難しいでしょ。スペインへ行っていたことは、テニスアカデミーの関係者がＳＮＳで投稿した。練習風景をね。それでバレてしまった。危機管理としてはガードが甘いですよ。そういう面のコーチも必要ですね。
教授：**危機管理のガードを固めるには、上下と左右のアドバイザーが必要です。上から叱ってくれる師。下から諫めてくれる部下。左横から岡目八目で助言する参謀。右横から細部を検証する専門家。**

ですが社会的な地位が高くなったり年を取ったりすると、師匠が居なくなってしまいます。耳障りな事を言う部下は遠ざけるし、参謀や専門家の意見にも耳を貸さなくなる。だから、危機管理を失敗してしまうんです。たとえばロシアのプーチン大統領には、上下左右のアドバイザーが居なかったのかもしれません。だからウクライナ侵攻を始めてしまったし、思うような結果も得られなかったのでしょうね。

上下左右に適切なアドバイザーは次のとおりになります。

上　その道の専門家で、俯瞰して人生の先を見通せる人
下　イエスマンではなく、フォアザカンパニーで意見を出せる人
左　違った分野の視点を有し、岡目八目で考え方をアドバイスできる人
右　弁護士や医療など専門的なサポートができる知識や技術を持った人

こんな風にそろえることが理想とはいえ、企業でも個人でも、そんなに簡単にはいかないでしょうが、耳が痛いことを言う人を遠ざけることだけはやってはいけません。

いいことずくめの対応は無い

教授：二〇二二年二月二四日にロシアがウクライナに侵攻しました。その日を境にロシア国内で事業を営む企業や、ロシアとの貿易を営む企業は難しい舵取りを迫られました。今回はそれに関する失敗例を研究してみましょう。どんな状況か知っていますか？
田貫：はい、ユニクロが迷走しました。侵攻直後には「ロシアの人々にも生活する権利があるので事業を継続する」と明言しましたが、三日で方針を転換しましたね。「一時

停止する」に。

教授：そうですね。なぜ方針を転換したか、分かる人いますか？

岐常：確か「営業を続けるのが困難だから」という理由だったかと思います。

教授：その通りです。その理由について、どんな印象を受けましたか？

宇崎：えっ！と困惑しました。戦争に反対する姿勢を示すということではなく、そんな現実的な理由で停止するのかって。ポリシーを示して欲しかったな。

亀井：本当はネットで批判が殺到したからじゃないですか。

教授：批判の殺到は大きな理由でしょうね。私はこれを反作用と名付けています。ロシアの国民に寄り添う（作用）と、侵攻に反対する人々の反発を買う（反作用）のは当然です。では、ユニクロが即座に撤退を表明したら、どうなったと思いますか？

田貫：ロシア国民の反発は大きいですし、ロシア人の従業員は納得しないでしょうね。店舗の破壊や放火など、テロのリスクもあります。

岐常：ロシア政府も報復措置を取ったかもしれません。店舗を全て没収するとか。

教授：反発はロシアだけに留まりますか？

亀井：中国の国民の間ではロシアを応援する風潮が高まって、ロシア製品がバカ売れしているとと聞きます。ですから、中国でユニクロの不買運動が起きたかも知れません。
教授：では、ユニクロが営業を継続していたら、どうなったと思いますか？
宇崎：国際社会の側で批判が起きる可能性はあります。ロシア寄りの会社かと思うと、私も買うのを躊躇しちゃうと思いますから。
岐常：難しいですね。どの選択をしても、結局何らかの反作用は避けられない。先生がよくおっしゃる「前門の虎、後門の狼」ですね。
教授：その通りです。危機管理のさまざまな場面、とりわけ解毒と再生のステップでは、作用と反作用の板挟みになることが多い。たとえば交通事故。その場で低姿勢な謝罪をすると相手の怒りを抑えられます（作用）が、後の損害賠償の訴訟では不利になりうる（反作用）でしょう。何かをすれば必ず反作用は起きます。したがって、常に反作用を最小限に抑えられるよう考えながら対策を打つ必要があるのです。

この反作用を最小限に抑える対策のキーワードは、〝公益〟と〝納得性〟です。どんな言葉を用いて一時停止や撤退を表明したら良いか、皆さんで議論してみてください。
田貫：「力による現状変更は世界の公益に反するので、停戦への強い願いを込めて一時停止します」とか。

岐常：ロシアの公益も踏まえて、「侵攻はロシア国民にも多大な損害を与えるため」を加えたほうがいいんじゃないかしら。損得は納得性も高いから。
宇崎：納得性というなら、「当社の商品はロシア国民のための生活インフラとなっている面もあるため、営業を継続することも考えました。しかし、ロシアの行っている軍事侵攻は一企業としても決して看過できるものではありません。その姿勢を明確にする必要があると考え、営業を当面の間、停止することとしました」というのはどう？
亀井：そうだね。宇崎さんが言ったように平和を壊す行為に反対するポリシーを明確に打ち出すことが必要だよね。
教授：良い意見が出ましたね。皆さんの言った言葉を用いれば、ユニクロが表明した言葉よりも反作用を抑えられるでしょう。
　さて、営業を継続する場合には、どんな言葉を用いたら良いと思いますか？
宇崎：やっぱりユニクロが最初に表明した「ロシアの人々にも生活する権利があるので」かしら？
岐常：それよりも、「ロシアの人々を追い詰めると逆にプーチン大統領の支持率が上がって、侵攻が正当化されてしまうので」のほうがいいわよ。ちょっと言い訳がましくて苦しいけど。

田貫：いい言葉が見つからないな。

顧問：教授も意地悪だね。営業を継続することは公益性もあるが、公益を口実に私益を優先しているとも見なされかねない。良い言葉が見つからない時というのは、そもそも無理があるということなので、営業を継続するという判断は選択しない。それが正解というものだ。

コメントで状況は激変する

教授：皆さん、今日は言葉のマジックの授業です。私が皆さんに突然「個別に補習の授業をしてあげようか？」と提案したら、どんな返事をしますか？　亀井君から順に、時計回りで答えて下さい。

亀井：まず「いつでしょうか？」と聞くと思います。

岐常：私は「えっ、補習ですか？　私の出来が悪いからですか？」と聞くと思います。

宇崎：私は最初に「ありがとうございます」で、その後で「いつでしょうか？」かな？　危機管理の勉強は好きですから。

田貫：僕は「それは嬉しいですね」の後に、「いつでも大丈夫ですからお願いします」って答えると思います。教授の個人レッスンなんて、又とないチャンスですから。
岐常：私だって、そう思っているけど……。突然言われると……。
教授：岐常さん、気にしないで下さい。分かってますから。でも、言葉って怖いですよね。本心は同じでも、答え方によって、相手の受け取り方が違ってしまうので。最初に肯定的な言葉を言ってから日時を聞くのと、はじめに日時を質問するのでは、大きな差が出てしまいます。
亀井：本当にそうですね。僕の答えは、嫌がっているようにも聞こえますね。
教授：企業が危機管理の場面で出すコメントも全く同じなんです。前にも説明しましたが、それを今日は演習してみましょう。ノーコメントというのは最悪で、ある程度丁寧になぜ細かい説明ができないかを説明する必要があるということでしたね。
　今回は、不祥事を起こした会社の社長が、よく言ってしまう「辞任は考えておりません」を取り上げてみましょう。単にその時点で辞任を決めていないだけだとしても、新聞は「社長、辞任せず」という見出しの記事を書きますので要注意。全く反省しておらず、居座る印象になってしまいますね。どんな言葉に換えたら良いでしょうか？

対応の広報担当者になったつもりで、コメントを考えてみて下さい。
亀井：その時点で考えていないんなら「今は考えておりませんが、しかるべき時に辞任致します」かな？
岐常：それだと「社長、辞任を表明」って書かれるんじゃないかしら？　辞任しない場合に、後で困るんじゃないかな？　だから……「まだ決定しておりませんが、必要となれば検討いたします」くらいかな？
宇崎：「必要となれば」という言葉を使うと、記者は「必要って何ですか？」と聞いてくると思うな。だから、その理由を言う。たとえば「第三者委員会の調査結果を受けて、進退を決定いたします」とか。
教授：その回答ですと、他人任せという印象になってしまって、反省や後悔の気持ちが伝わりません。皆さん、食中毒の授業を思い出して下さい。
宇崎：〝誰が防ぎ得たか〟と〝誰かに不作為があったか〟でしたね。
岐常：そうすると、「〝誰が防ぎ得たか〟と〝誰かに不作為があったか〟という視点で責任を明確にしてから決めます」が正解ですね。
教授：そうです。もう少し普通のコメントにして言葉を補うならば、「責任の所在を明確にして、私も含めて厳しい処分を行います」ですね。処分という言葉なら、必ずしも辞任しなくても済みますから。
経営トップの辞任は、解毒の切り札なので、有効に使うには、タイミングも大切です。早すぎると、新たな事実が発覚したときに、次の経営トップも辞めざるを得なくなる。遅いと「ようやく辞めたか」という印象で、解毒の効果が薄くなってしまう。
宇崎：どちらも怖いなぁ。だから経営者の皆さん迷うんですね。
教授：危機下のコメントというものは、良くも悪くも状況を劇的に変化させます。まるでマジックのようなものです。安易に他社のコメントをマネするなんて、愚かなことをしないようにして下さい。検索して出てくるのは、失敗した企業の事例ばかりだから。
岐常：なるほど。顧問は何か成功例をご存じですか？
顧問：二〇〇〇年の頃の古い話だが、食肉の産地偽装をした社長の言葉がマスコミの度胆を抜いた。まだ食中毒も何も発生していたわけではなかったんだがね。本当に原産地の肉が汚染されていたとしても、その産地ではないとしている以上リコールができずに売り続けることになるよね。だから社長は「私は殺人未遂者です」と会見で語ったんだ。その罪の認識の深さに、詰めかけた記者はすっかり毒気を抜かれてしまったね。直後に辞任したものの、数年で社長に返り咲いた。これは好例だね。

Q&AよりQ&Pを作成する

教授：皆さん、今日は就職活動にも役立つロールプレイです。就職面接の際、希望する企業の面接官から「配属先の希望はありますか？」と聞かれたら、どんな回答をしますか？

岐常：私は危機管理の仕事につきたいので、広報室とか総務部と答えます。

宇崎：危機管理は難しそうなので、私は広報よりも宣伝を希望すると思います。

亀井：僕はデータを扱う仕事に向いているから、経理部なんかがいいかと思いますが……。各部門の仕事がよく分からないので、「データを扱う部署」と答えます。

田貫：僕は「人事部」と答えます。人に興味があるからです。それに、面接官は人事部の方ですから、「人事」と答えたら、会話が盛り上がると思いますので。

教授：知恵者の田貫君らしいですね。しかし皆さん。特定の部署を名指しするのが、本当に良いと思いますか？　名指しした部署への配属の予定が無かったら。その部署が新入社員の配属を求めていなかったら。面接官は、どう感じると思いますか？

岐常：そもそも、会社の情報をよく知らない新人が、広報室や総務部で役に立つわけがないですよね。そしたら、必要ないと思われて、落とされてしまいますね。

教授：その通りです。面接官の質問を、真に受けてはいけません。あの手この手の質問で応募者の人柄や能力を探りますから。配属先の希望を聞くのは、頭の柔軟性を試している場合もあります。どこに配属しても不満を持たないかな？と思って。

田貫：そうなんですか？　では、部署の名前なんかを正直に答えるとむしろマイナスになってしまうこともあるんですね。困ったな……。Q＆Aが作れなくなってしまう。

教授：そこが大切です。今回知っていただきたいのは、準備をすることとQ＆Aを作ることはイコールではない、ということです。

企業も記者会見を開く時、必ずQ＆Aを作ろうとするのですが、私は「必要ない」とアドバイスします。膨大な量のQ＆Aを会場に持って行って、その中から記者の質問に該当する回答を探すなんてことをしたら不誠実だと思われて、記者を怒らせるだけなのです。以前、記者会見の会場で、最前列に座っていた記者が、「何を棒読みしてるんですか」と言って経営者の手元にあったQ＆Aを奪い取ったことがあった。背後からテレビカメラでQ＆Aを撮影された、という企業もありましたね。

宇崎：でも……、Q&Aが無いと不安ですよね。
教授：そうですね。だから私は、A4用紙一枚か二枚程度のQ&Pを作成することを企業に推奨しています。Pはポリシーという意味です。質問に対する回答のポリシーを決めておいて、どんな角度から聞かれても回答がブレないようにするのです。
記者は質問のプロ。色々な角度から詰問して、矛盾点を追及する。そして、動揺した相手から本音を引き出す。Q&Aに頼り切りだと、そこに無い質問が来たら、動揺してしまいます。だから、Q&Pが必要なのです。
広報が希望の岐常さん。社員が電車の中で痴漢をして、逮捕されたとしましょう。その直後にマスコミが来て、その社員の情報が欲しいと言われたらどうしますか？　当然ですけど、取り調べに対する社員の認否は、まだ分からない段階です。
岐常：痴漢なんて許せないから、私ならマスコミには全部の情報を伝えちゃうと思います。
亀井：えっ⁉　個人情報保護法に反するんじゃないの？
田貫：冤罪って可能性もあるよね。混雑する電車の中で犯人と間違えられたとか。
教授：その通りですね。冤罪だったら、広報室は社内から厳しい批判を受けますね。

「社員を守る姿勢が足りない」と。しかし、情報開示をする姿勢は見せる必要がありますね。犯罪抑止や国民の知る権利を満たすという公益を考えたら。
顧問：情報開示のヒントは、冤罪か否かの分岐点を考えてみることだね。
宇崎：普通に考えると、「裁判で有罪になったら情報開示します」になりますね。しかし、それでは遅すぎて、情報開示の姿勢を問われてしまいますね。
田貫：日本では起訴された案件の、99・9％は有罪と言われています。だから以前作った例文にもあったように、「起訴された段階で情報開示します」と回答すればいいということでしょうか。
教授：起訴は一つの目安になります。むろんそれ以前でも、在籍しているか否かくらいは回答してもいいでしょう。あまりに答えないと、かばっているような印象が強くなります。しかし、それ以上の情報は「起訴された段階で」というのを、Q＆Pすなわちポリシーにすべきですね。そうしたら「どこの部署か？」とか「職場の評判は？」とか「結婚してるか？」とか「住所は？」など、どんな質問が来ても大丈夫ですよね。もちろん、起訴されたからといって、すべて回答していいという訳ではありません。公益に照らして、事案ごとに開示の基準を決めておく。それがQ＆Pというものなんです。覚えておいて下さい。

宇崎：就職面接のQ＆P。配属希望の質問には、どんなものを作ったらいいのかなぁ？

教授：一般論で言うなら「興味ある部署は答えるが、希望する部署は言わない」。「マルチな社員になりたいから、様々な部署を経験したい」と答えるのもいいでしょう。考えなしに「宣伝部です」なんて答えると「ＡＩＤＡの法則を知ってますか？」なんて質問をされますよ。本気の度合いを試すために。困りませんかね？

宇崎：えーっ！　困ります。私……「どこでもＯＫ」をポリシーにします。

教授：Q＆Pを作る際のポイントをまとめておきますね。

・その事案に向き合う基本姿勢を決める
・その段階で開示して問題ないと判断した情報を箇条書きにする
・その段階で開示できない情報を整理したうえで、開示しない理由をまとめておく
・次に開示するタイミング、なぜそのタイミングかも含めてまとめておく
・予期しない質問、答えに詰まる質問へのスタンスを決めておく

情報開示マニュアルの作成手順

教授：まだ新型コロナのパンデミックは収束していませんが、だからこそ記憶に新しい時にマニュアルを作っておく必要があります。ですから、今日のテーマはマニュアルです。

宇崎：パンデミックを制圧するマニュアルですか？

亀井：そんなもの、できるわけないでしょ。

教授：制圧のマニュアルを作るとしたら、それはWHOや厚生労働省の仕事ですね。私たちは企業の危機管理を研究しています。ですから的を絞って、「自社で感染者が出た場合の情報開示のマニュアル」をどう作るか、想定しながら議論してみましょう。

宇崎：私の兄が学習塾で講師をしてますが、同僚が感染した時に悩んでいました。生徒や保護者に知らせるべきかどうか、教室で激論になったとかで。

岐常：知らせなきゃ、クラスターになってしまうんじゃないの？

田貫：でも、感染した時期にもよるよね。コロナが発生した当初は、感染者は差別されたから。あのクルーズ船の乗客は、帰宅した後も家から外出しただけで嫌がらせを受けたとか。

亀井：情報開示は必要だけど、差別も怖い。企業はどうしていたんだろう？
宇崎：兄も、同業他社の情報開示を、熱心に調べていたわ。真似するつもりで。
顧問：企業は当初、属性だけ発表していたんだよ。部署名と年代と性別だけ。
宇崎：えー！　その部署に女性が一人だったら、名指しされたのと同じですよね。少なくとも社内では、誰だか分かってしまうんじゃないですか？
教授：その通りですね。ですから、最初はニュースリリースを出してましたが、徐々にホームページに掲載するだけになりました。しかも、属性の発表をせずに人数だけの表記に変わりました。
岐常：途中から情報開示の方法や、中身を変えてもいいんですか？
教授：もちろん、いいんです。しかし、変える時期が難しい。ですから情報開示のマニュアルが必要なんです。そこで考えてみましょう。まず、マニュアルの冒頭には何が必要ですか？
田貫：いつも先生がおっしゃる総論ですか？　何のために情報開示するのかという。
教授：そうですね。何のために感染者の情報開示をするのか？　分かる人いますか？
岐常：後でバレて批判されないため、とかですか？

宇崎：何だろう？「うちの会社に来ちゃダメですよ」という警告かしら。
亀井：既に来てしまった人への注意喚起かな？　うつった可能性があるという。
教授：どの意見も正しいですね。要は「感染拡大の防止に貢献するため」という大原則をマニュアルの総論として冒頭に持ってくる。そして、田貫君が言った開示の〝時期〟と、顧問がおっしゃった〝方法〟を、各論として記載するといいですね。
田貫：時期によって変える必要があるとは思います。しかし、時期の分け方がよく分かりません。
顧問：世間の不安心理と関心のレベルがヒントだよ。
岐常：初期の段階は不安心理と関心が高いですね。でも、国民の大半がワクチン接種を終えて、治療薬も出てきてからは低くなりますね。
宇崎：目安として、不安や関心のレベルは最初の半年くらいが初期。半年から一年半までの一年が中期。それ以降が後期かしら。実感値として。
教授：同感です。このような実感値は、実際に経験した直後にしか分かりません。ですから、今のうちにマニュアルを作るべきなんです。田貫君。パンデミックの、情報開示のマニュアルの概要をまとめてみて下さい。大ざっぱで結構ですから。

田貫：冒頭は「情報開示は感染拡大の防止に貢献するため」と総論を記載。各論として、情報開示は「初期・中期・後期」の三段階で対応を変えるとする。

初期は最初の患者発生から半年間が目安。個人が特定されない範囲で、属性を含めてリリースで開示を行う。

中期は最初の患者発生の半年後から一年半の一年間が目安。個人が特定されない範囲で、属性を含めてホームページで開示を行う。

後期は最初の患者発生から一年半以降が目安。ホームページで人数だけ開示を行う。

宇崎：マニュアルを作るのはいいけど、もうパンデミックは起きないでほしいな！

亀井：これからも来るでしょ。新型コロナは生物兵器という噂もあるし。

教授：いや。逆に新型コロナで生物兵器は使いづらくなりましたね。そんなもの作っても、いずれ自分の国にも回ってくることを世界の国が学んだ。それが唯一の救いかもしれません。〝危機管理の世界も万事塞翁が馬〟ということですね。

マニュアル作成の手順を整理しておくと、

①目的、すなわち大原則を明文化して、関係者で共有する

②目的達成のための手順を定める
③手順変更の時期、基準について定める
④③で定めた時期、基準に基づいて随時見直しをしていく

となる。さらに突発事態には臨機応変に見直す、ということも確認しておいたほうがいいでしょう。

第四章　生存競争のために必要な八つの能力

引退後に成功するプロ野球選手

選手として活躍できる期間の短いプロ野球の世界では、引退後の人生も大切です。しかし、球界には「名選手、必ずしも名監督ならず」の言葉があります。それは、選手として力を発揮できる能力と、社会人として力を発揮できる能力が別だからでしょう。その、社会人としての能力を、私は〝生存競争力〟と呼んでいます。この力は、八種類に分解することができます。

スター選手でも引退後はパッとしない人もいれば、選手としての実績はそれほどではなくても、監督となって成功した人もいます。タレントや実業家として成功する人もいます。

私の扱う危機管理の分野でも、全く同じ現象が見られます。危機管理能力が極めて高いにもかかわらず、会社では出世できない人。あるいは、定年退職後に起業できない人。あまりにも勿体ないと言わざるを得ません。

勿体ないといえば、その筆頭がルノーや日産を再建したカルロス・ゴーン氏です。母国のレバノンやブラジル、フランスの一部でも、未来の大統領と目されていたのですから。しかし、経営手腕は秀でていても、社会の一員あるいは組織の一員として、致命的な欠落がありました。それは、己を律して生き抜く力です。今や、刑事被告人であり、逃亡犯となってしまったことを見れば、その力がなかったのは明らかでしょう。

晩節を汚してしまった経営者は、日本人の中にもいらっしゃいます。アップルコンピュータジャパン、日本マクドナルド、ベネッセなどの社長を歴任した原田泳幸氏は、ベネッセの顧客情報漏洩での会見で、無責任とも思われるような発言をしました。その結果、同社の業績は急激に悪化し、わずか二年で経営から退きました。そして五年後の二〇二一年二月、妻への暴行容疑で逮捕され、罰金刑を受けてしまったのです。

「あんなに優秀な方が何故?」と不思議に思われるでしょうが、その過程をよく観察すると、八種類の能力が関係していることが見えてきます。「共感力」「通意力」「協働力」「親和力」「発動力」「確動力」「論理力」「創造力」のいずれかが欠如しているから、落とし穴にはまってしまう。

危機管理の成功を花とするなら、第一章で述べた「危機管理に必要な技能（展開の予測力、人心を掌握する話術、整理して事務処理をする能力）」が幹。本章で述べる八種類の能力は、根に該当するものです。

そこで、八種類の能力と危機管理との関係、およびそれぞれの能力開発のプログラムをご紹介していきたいと思います。あなた自身の自己啓発用、あるいは、部下の教育や、子育ての参考としていただければ幸いです。

〈1〉共感力

他人の感情を理解できる能力のことです。次のような項目にあてはまると思う方は共感力不足にご注意ください。

□目の前の相手が何を怒っているのか、ピンと来ないことがある
□身近な人に「最近どう？」といった軽い質問をする習慣がない
□「ハラスメント」に厳しい昨今の状況は行きすぎだと思っている

□厳しい態度で目下の者に接するのは上位の者の義務だと考えている
□意見を言われた際に、クレーム、文句だと感じることが多い

近年、スポーツ界で俗に〝ドン〟と呼ばれる方々が何らかの事件、騒動で地位を失うことがよく見られます。女子レスリング界、体操界のパワハラ疑惑、日大アメフト部の危険タックル問題、ボクシング界の使途不明金問題等々。

いずれの問題でも、指導者や団体トップらが評判を落としたり、退任することになりました。〝ドン〟たちは、見た目は強そうだが、危機管理の舞台では意外に弱い。すなわち、攻めは強いが、守りは弱い。それが私の印象でした。企業においてもパワハラ（暴行を含む）は頻発しており、弊社への相談も年々増えています。その中身を観察すると、パワハラが起きる原因は様々ですが、加害者に共通するのは共感力の乏しさです。

パワハラと同様に、セクハラの加害者も、たいてい共感力の低い人です。ですから、弊社では再発防止策として、セクハラの加害者に対して、次のような説諭をするように推奨しています。

「貴方の奥さんや娘さんに、貴方がやったことと同じことを私がやってもいいです

か？」

「貴方の被害者女性はトラウマが原因で、貴方と同じ年代の男性に嫌悪感や警戒感を抱くでしょう。すると、結婚してから義理の父親との良い関係が築けなくなりますよ。それが離婚の原因になる可能性もあります。貴方の行為は、極めて残酷だと思いませんか？」

加害者の共感力を呼び起こすのが狙いです。

相手の気持ちを理解したり、苦しみや楽しみを共有したりする。その結果として、思いやりをもって相手と接し、相手の思いやりを感じ取るようにするのです。

共感力の乏しさは、ハラスメントのみならず、様々な争い事を引き起こします。会社では、己の利害しか考えない部門同士の対立。あるいは、顧客の痛みを理解できないクレーム対応などです。私生活では、嫁と姑の対立とか親子の断絶。はたまた、隣人との騒音問題とか借金トラブルです。どれも、相手の気持ちや苦しみへの無頓着が原因です。ですから、社会の一員あるいは組織の一員として、生き残っていくために、不可欠な能力と言えましょう。

ところが、少子化と核家族化が進んだ現代社会では、共感力は醸成されにくくなっています。多様性の重要性が唱えられる一方で、多種多様な人間関係や価値観と遭遇する機会が少ないのです。

自分自身の共感力を高めるために、私は次のような言葉を心に置くように努めています。「その人にはその人なりの事情がある」。その言葉に辿り着くにはこんな経緯がありました。私が小学生の頃、アリスという猫を飼っていました。いつもごろごろと喉を鳴らしている人懐っこい猫でしたが、私が愛情を持って抱こうとすると時おり咬みつくのです。それに腹を立てて「痛い！　なんで咬むんだ！」と声を荒らげると父が笑いながら「アリスにはアリスの事情があるんだ」と言ったのです。当時は「猫の事情なんか分かるものか」と思いながらも、今でもたびたびその言葉を思い出します。そんな経験から、私は相手の気持ちが理解できない時に、「その人にはその人なりの事情がある」という言葉を思い出すようにしています。それがお客様相談室でクレーム対応をする時に大変役立った記憶があります。こうした言葉は、いわば防波堤のようなものです。

人によって、自身を戒めるために最適な言葉はさまざまでしょう。最近、ベストセラーになった『ぼくはイエローでホワイトで、ちょっとブルー』（ブレイディみかこ著・新潮社）には、「エンパシー」という言葉が重要なキーワードとして出てきます。自分と異なる価値観を持つ相手がどんなことを考えているのかを想像する能力のことです。シンパシーの場合は、「同情」といったニュアンスが強いのですが、エンパシーはあらゆる立場の人の考え、気持ちを理解しようとすることです。同書の中では、エンパシーについて著者の息子さんが「自分で誰かの靴を履いてみること」と表現したエピソードが紹介されています。

日頃、共感できないと思う相手、敵視しているような相手の側の思考法を考えてみる習慣を持つことは、大切です。

たとえば、お客様相談室に配属されたら、クレームをつける練習をしてみる。広報室に転属したら、記者になったつもりで自分の会社の批判記事を書いてみるのです。そうすれば相手側の事情が見えてくるでしょう。

部署同士の対立においても、あえて相手方の部署の部員になったつもりで、自分の部署への不満を列挙してみてはどうでしょうか。双方がそのようにすることで見えてくる課題もあることでしょう。その結果として、あなた自身の共感力も高まっていくのではないでしょうか。

〈2〉通意力

他人と意思や情報を共有できる能力のことです。次のような項目にあてはまると思う方は通意力不足にご注意ください。

□周囲の人から「話が長い」と指摘されることがある
□自分が話し終えた後で相手が不機嫌な表情を浮かべることがある
□目下の者が目上からの指示に異議を唱えるのは好ましくないと思っている
□他人の説明を聞いて〝目から鱗が落ちた〟という経験が少ない
□会議の席で自分の意見が通らないことが多いと感じる

友人相手ならば酒に酔った状態で意味不明な話をしても許してもらえるでしょう。しかし、危機管理の場面では意味の通らない話をすることは命取りとなりかねません。

先ほど触れたスポーツ界の問題では、共感力だけでなく、通意力の乏しさも騒ぎを大きくした原因でした。教え子との間に、指導に関する意思疎通が足りなかったのです。

そして、マスコミの取材に対する回答も、分かりにくいものばかりでした。いずれの指導者も、退任に追い込まれた最大の原因は、説明不足だったと私は見ています。

社会の一員あるいは組織の一員ならば、周囲との意思の疎通や情報の共有が欠かせません。しかし、相手の意思を汲み取り、こちらの意見を正確に伝える。あるいは、正確な情報を交換する。どちらも、言うのは簡単だが行うのは難しいというのが、コンサルタントを始めた当初の私の印象でした。

クライアントに色々なアドバイスをしても、当初は十分に理解し記憶してもらえないからです。大切な事を五つ言ったにもかかわらず、相手は印象に残った一つの事だけを記憶する。逆にこちらも、クライアントから得るべき情報の一部を、聞き漏らしてしまう。だから、うまく機能できない。そんな事が幾度もありました。

また私自身、ラジオの生番組に出演したものの、冒頭に「危機管理って何ですか?」と司会の方に質問されて、うまく説明できなかったこともありました。決して分からない訳では無く、浮かぶ事が多すぎて頭の整理がつかなかったのです。概念を語るべきか、手順を話すべきか、事例を示すべきか。コンサルタントとして大切な、己の通意力に疑問を感じた瞬間でした。

失敗を重ねた私が辿り着いた答えは次のとおりです。

○相手の理解と記憶を手伝いながら語る

たとえば最初に「大切なことが五つあります」と言ってから話し始めれば、相手は頭の中に五つの箱を用意して聞いてくれます。

○総論から入って各論を語る（又は聞く）

総論すなわち全体像から入ると、各論の位置付けが分かりやすくなり、網羅されるという利点があります。

この二つのポイントを押さえることが通意力を高め、共感力を高めることに直結します。

ちなみに、「危機管理とは何ですか？」との質問に、今なら私は即座にこう回答します。

「危機管理のための方策は二つです。危機を回避する方策と、危機のダメージを減らす方策。この二つの方策を遅滞なく講じることが危機管理の本質です」

更に「具体的には、どんな事をするのですか？」と聞かれたら、「具体的には、四つのステップを踏んで行います。感知・解析・解毒・再生です」と。

更に「解毒って何ですか？」と問われたら、よどみなく次のように説明できます。「自分が発生させた毒を消すために、原因分析や改善案や処分などを、丁寧に説明することです」と。

もうお気付きかと思いますが、質問をされたら一方的に総てを語ろうとせずに、言葉のラリーをする。それによって、相手の理解と記憶を手伝う。これも通意力を高める秘訣の一つです。

〈3〉協働力

他人と協力して物事を進める能力のことです。次のような項目にあてはまると思う方は協働力不足にご注意ください。

□仲間や同僚と仕事や遊びの意見を調整するのを億劫に感じる
□自分は仕事が早くて周囲のスピードに苛立ちを感じることがある

□人に仕事を頼むくらいなら自分でやったほうが良いと感じる
□会社の仕事を進める時に縦割りの組織が邪魔だと感じることがある
□自己主張の強い相手と一緒に仕事をするのが苦手である

社会の一員あるいは組織の一員ならば、他者と足並みを揃えて課題を成し遂げなければ、生き残っていけません。

国民に感染防止を訴えて行動の自粛を求めておきながら、自分達は夜の銀座で飲み歩く。そんな協働力の乏しい政治家は、選挙で淘汰されてしまいました。

しかし、協働力の低さは、政治家に限ったことではありません。企業の危機管理の現場にいると、この難しさに度々出くわします。クライアントの広報室と総務部と法務部の連携が、うまく取れないときなどです。

原因は極めて明確です。広報室はマスコミ報道に主眼を置く。総務部は株主などのステークホルダーの反応を重視する。法務部は後の法廷闘争を意識した対応に専念する。当たり前のことですが、それぞれが重視している領域が異なるため、連携が困難になってしまうのです。そんなクライアントに、弊社は次のようなアドバイスをしています。

第一に、広報室、総務部、法務部など、関係する部署で集まって頂いて合同で会議を開く。目的は、それぞれの立場を理解し、それぞれが抱く懸念を共有してもらうためです。

第二に、いくつかの悪いシナリオを伝える。たとえば、「私がその顧客だったら、ネットで総て暴露しますよ」「私が御社の株主だったら株主代表訴訟を起こしますね」等。つまり、共通の敵を設定して団結心を高めるのです。

平時の職場や家庭での教育において、共通の敵を示すのは穏やかではありません。ですが、共通の課題なら問題はないでしょう。

たとえば、家庭や職場のデジタル化を話し合う。何がネックになっているのか？　どんな役割分担にしたら良いのか？　皆で話し合うと良いでしょう。それが自分自身や周囲の人々の協働力を育むプログラムです。

手始めに、「我が家（この部署）の課題」なんて会議を、月に一回開くのも良いでしょう。気付いていなかった課題が見えてくる可能性もあります。

ただし、このプログラムには欠陥もあります。常に話し合いで決める習慣にすると、主体性や独自性が損なわれる恐れがあるのです。ですから、同時に「あなたは、どうしたいの?」という問い掛けも忘れてはなりません。
弊社ではコンサルの場面で、一方的にアドバイスをするのではなく、「御社は、どうしたいのですか?」という問い掛けを時々しています。それをしないと、クライアントは箸の上げ下ろしまで聞いてくるようになり、総てを弊社のアドバイス通りにしてしまう。すなわち、考えなくなってしまう危険性があるのです。くれぐれもご注意下さい。

〈4〉親和力
苦手な相手とも適切な人間関係を構築する能力のことです。次のような項目にあてはまると思う方は親和力不足にご注意ください。

□同じ組織の中でも苦手な相手とは避けて関わらない傾向がある
□テレビに登場する有名人の中に嫌いな人物が10人以上いる
□利害が対立する相手とのコミュニケーションは避けたいと感じる
□嫌いだった人と親しくなった経験がない
□ロシアがウクライナに侵攻してからロシア人全般に嫌悪感を抱くようになった

社会人になったら、嫌な仕事にも積極的に取り組み、苦手な相手とも良い関係を築いていく必要があります。就職した途端に、それを私は痛感させられました。私の最初の配属先が、お客様相談室でのクレーム対応だったからです。そして、次が広報室でした。

どちらの部署も、多くの場合、相手とは険悪な状態からスタートします。お客様相談室に電話してくる方々の多くは、腹を立てて、不信感を抱いて、クレームを言ってくる。広報に連絡してくるマスコミの記者の皆さんも、問題点を指摘して、隠蔽を暴いて、経営トップの首を取りたい、と思っている人が少なくありません。当然ながら、相手を嫌いになりやすいですし、そんな仕事に苦手意識を持ちやすいのですが、一方でそうした相手と敵対してはならない部署です。必然的に高い親和力が求められます。

記者会見でときおり政治家や企業経営者が気色ばむ場面をみかけることがあります。官房長官時代の菅前総理も、その一人でした。東京新聞の望月衣塑子記者が質問すると、不快感をあらわにして、木で鼻を括ったような回答になってしまうのです。どちらに非があったかは別にして、その様子は画面を通して、国民に届いてしまいます。その攻防があまりに印象的だったためか、望月記者を題材にした映画（『i―新聞記者ドキュメント―』）まで製作されました。

しかし政治家ならば、こんな苦手な相手と親しくする親和力を持っているべきでしょう。

弊社では記者会見に赴く企業に、こんなアドバイスをしています。

「記者の方々は、意図的に乱暴な言葉や態度で質問してきます。貴方を感情的にさせて、面白い言葉を言わせるために。雪印の社長から〝私は寝てないんだ〟という言葉を引き出したのは、記者からすれば手柄なのです」

また「記者の方々はコメントを引き出せないと、厳しい言葉を浴びせかけてきます。〝経営者失格だ！〟と言わんばかりに。しかし内心では、〝なかなか手強いな〟と評価しているのです」と裏話も伝えます。

あるいは損得の感情に訴えることもあります。

「記者クラブや自社ビルで行うなら記者会見は無料ですし、多くのメディアが報道してくれます。会見を行わないと、新聞やテレビの謝罪広告が必要となります。総てのメディアに出したら、何千万あるいは何億円もかかりますが、効果は会見よりも低いのです。お金儲けだと割り切って、会見を開きませんか？」

もちろん、本当に相手と友人にはなれないでしょうし、敵対する気持ちや苦手意識を完全に払拭することはできないでしょう。それでも見方を変えて、記者に対する敵対心を取り除く。あるいは会見への嫌悪感を薄める。そうして、親和力を意識して臨んで頂く。それが狙いです。

このように、親和力を持つためには、視点を変える訓練を日頃から行うことです。私は父から言われた次のような言葉を記憶しています。

「他人に手厳しい人は高嶺の花の美男美女と同じで、近寄ろうとする人が多くない。だから競争が少ない。親しくするのは難しくないと思わないか?」

望月記者に対して、もしも菅前総理がどこかのタイミングで、

「まめに会見に出席していることを感謝します。たしかに私の言い方、わかりにくいところがありますね。すみません」

とニッコリ笑いながら言ったら、両者の関係はどうなっていたでしょう。

過去の政治家の中には、そんな手法で成功を収めた人がいます。田中角栄元総理です。最も厳しく批判する記事を書き続けた東京タイムズの記者を手懐けて、しまいには自分の政務秘書にしてしまったのです。それが有名な早坂茂三さんです。早坂秘書と親交の

あった父が言うには、早坂記者が元総理の所へ夜討ちをかけると、いきなり「お前が早坂か、よく来たな。まぁあがれ」と言って家の中に招かれた。そして記事を褒めながら間違いも指摘された。その対応に男惚れして早坂氏は秘書になってしまったそうです。見事な親和力と言えましょう。

クレーム電話の対応などでも、親和力を意識したほうが良いケースは多々あります。電話をしてくる人は喧嘩腰の場合が多い。しかしこちらもそういう姿勢だと話がこじれてしまいます。クレームの中には、相手の勘違いということも少なくありません。それを正す際にも、「あなたは間違っている」ということをストレートに言うと角が立つのです。しかし、たとえば、

「なるほど、たしかにお客様がおっしゃるように、この部分はわかりにくいので、間違えてしまう方もいらっしゃるかもしれませんね。よいご指摘、ご意見をくださって本当にありがとうございます。お客様のように親切な方がお電話してくださると、私どもとしても本当に助かります」

こんな姿勢で対応すれば、収まってしまうことも少なからずあるのです。もちろんさらにエスカレートする相手もいるでしょうが、その時にはまた別の親和力に富んだ対応

を考えるしかありません。

〈5〉発動力

必要と思われる事柄に自ら進んで行動を起こす能力のことです。次のような項目にあてはまると思う方は発動力不足にご注意ください。

□学生の頃から夏休みの宿題などを後回しにしてしまう傾向が強かった
□社会人になってからは上司の指示を待ってから仕事に取り掛かる
□仕事もプライベートも新しい分野に挑戦することが少ない
□せっかちな人が苦手で他人からせかされることが嫌い
□健康に良くないと言われる習慣でも改めようとは思わない

基本的に、日本の新型コロナ対策は、初期の感染者の数から見れば成功してきたと言えましょう。しかし、個々の施策を見ると話は別です。発動力は低かったと言わざるをえません。オミクロン株による第六波において、三回目のワクチン接種が遅れたのは厚生労働省の発動力の低さに由来するものと思われます。第七波において検査キットが不足したのもしかり。

社会の一員あるいは組織の一員ならば、必要だと思った事を実行するために、素早く行動を起こさなければなりません。とりわけ危機が発生した時には、初動の遅れが命取りになるケースが多いからです。食品会社やカーメーカーなどで、調査やリコールが遅れたために、窮地に陥った例は枚挙に暇がありません。

個人の危機管理においても、発動力は極めて重要です。病気の兆候があっても、なかなか病院へ行けない人。交通事故を起こしておきながら、救急車や警察へ連絡せずに逃げる人。薬物やギャンブルに手を染めて、ダメだと知りながら止められない人。残念ながら、決して少なくないのです。原因は人によって様々あるでしょうが、共通しているのは〝自己叱責力〟の欠如です。言い換えると自らを叱咤する〝言葉の鞭〟を持っていないのです。それを持つことこそ、発動力を高める唯一無二のプログラムではないかと思います。

危機管理を生業とする弊社には、「二四時間ルール」という掟があります。クライアントやマスコミから依頼された事柄には、どんなに難しくても忙しくても、二四時間以内に返事をするというものです。実際には、大半の案件を一二時間以内に返答するようにしています。午前中に受けたら当日の夜まで。午後なら翌日の午前中まで、というように。なぜなら、クライアントやマスコミの側にも作業や社内の手続きの時間が必要なので、それを含めて彼らも二四時間以内に仕事を終了できるようにしてあげたいからです。

なお、弊社には「仕事の賞味期限は三年」という掟もあります。同じ方法や内容を無為無策のまま、三年以上続けてはいけないというものです。象徴的なのは危機管理の理論です。常に新たな定理や方程式を生み出さなければなりません。そのために、私は三年以内を目途にして、新たな書籍を出さなければいけないと考えています。書くことは新たな理論を考えることに通じるからです。

〈6〉確動力

当たり前と思われている事を当たり前に行う能力のことです。次のような項目にあてはまると思う方は確動力不足にご注意ください。

□冷蔵庫に消費期限の切れた食品が残っていることが多い
□借りたものを返さないまま忘れてしまうことがある
□遅刻しておきながら嘘の言い訳をすることが多い
□備忘録を活用したことがない
□ルール違反やマナー違反を咎められることが嫌い

八つの生存競争力の中で、最も平易でありながら難しいのがこの確動力です。モラルに反する言動をする、友達との約束の時間に遅れる、仕事の納期を守れない、道路交通法に違反するなど。誰もがダメだと分かっていながら、やらかしてしまう。これらは、ささやかな確動力の低さが原因です。

ところが、この〝当たり前のことを当たり前に行う〟能力が欠けていると、思わぬ危機を招いてしまうことがあります。特に〝村社会〟と呼ばれる日本では、掟に従わない言動は村八分の原因となります。緊急事態宣言下における多人数での会食や、人の多い風通しの悪い室内でのマスクの非着用が良い例ではないでしょうか。

企業の経営者は、常に株主から確動力を求められています。一部に見直しの動きがみられますが、売り上げや利益の目標や実績を、四半期（三か月）ごとに発表させられるのです。また、短期・中期・長期のビジョンも示す必要もあります。そこに、具体性や納期を示すことができないと、株価にも悪い影響が出てしまいます。

ところが、そんな経営者の皆さんが、危機管理となると得意な確動力を発揮できなくなります。情報開示をせずに隠蔽する。会見を開くのが遅れる。あるいは会見を途中で打ち切る。辞任をせずに居座る。これらは、頻繁に見掛ける光景です。

弊社ではクライアントに対して「いつ、どこで、誰の責任で、どんなことを、どんなスケジュールで、何故されるのですか？」と、必ず〝5W1H〟を明確に求めるようにしています。

通過時刻や到着時刻を決めて、走行速度を逆算するラリーに似ています。厳しいようですが、それが確実な行動を生んで、ダメージを最小限に押さえる秘訣だからです。

そして、もう一つ。〝サーモスタット型〟の危機管理を推奨しています。ある条件に到達したら自動的に対策を発動させる、という仕組みです。たとえば、ホテルの新型コロナへの対策なら、東京の感染者が〇人を超えたら休業というように条件を事前に定めておく。そうしないと、一縷の望みにすがって、ズルズルと決断を先延ばし、後手に回ってしまうからです。

この〝ラリー方式〟と〝サーモスタット型〟の危機管理は、自分自身の確動力を高めることにも応用できると思います。

そして、もう一つ大切なことがあります。当たり前のことを当たり前に行えた時に、周囲と一緒に喜び合うことを忘れないことです。特別なことを成し遂げた時だけでは不十分だからです。職場で新型コロナのクラスターを発生させなかった。あるいは、感染者が出ても仕事に支障をきたさなかった。それをコロナが収束した時に、みんなで祝う会を開くのも良いのではないでしょうか。

〈7〉論理力

物事を筋道立てて考えたり語ったりする能力のことです。次のような項目にあてはまると思う方は論理力不足にご注意ください。

□「なるようになる」という言葉がよく頭に思い浮かぶ

□理屈よりも感性に従って意思決定をすることが多い

□物事を分析的に解説する人の話や書物が好きではない
□話し上手な人の話に丸め込まれて後悔したことが少なからずある
□企画書や提案書を書くのが得意ではない

通意力が高い人は論理力も高いかというと、必ずしもそうではありません。詐欺師は通意力の高い話をしますが、論理力は高くありません。むしろ論理力を超えて人を説得する能力が突出しているともいえます。その罠から逃れるためには、私たち消費者の側が論理力を高めるしかありません。

社会の一員あるいは組織の一員ならば、論理力は極めて大切です。発言がチャランポランで一貫性が無い。あるいは、理不尽な要求をしたり、身勝手な言い訳を続けたりする。感情的な発言が目立つ。そんな人物は、誰からも相手にされなくなってしまうからです。とりわけ、危機管理の領域では、論理力が生命線だとまで断言できます。

不祥事を起こした企業のトップが、原因を問われた時に「気の緩みがあった」と回答する。あるいは、「今後は気を引き締めていきたい」とか「社員教育を徹底したい」と再発防止策を語る。どちらも具体性が無く感覚的なものなので、消費者に「再発しない」という確信を与えられません。すなわち、信頼は回復できないのです。

確信を与えるためには、不祥事の原因と結果の因果関係を明確に示して、再発防止の新たな仕組みを論理的に示すべきです。

昨今問題視されているスマホを操作しながらの運転。バスや鉄道を運営する会社にとっては頭の痛い問題です。運転手を監視することは不可能ですし、いくら教育しても不心得者は無くせないからです。弊社では、そんな会社に次のようなアドバイスをしています。

「運転席の様子が乗客側からよく見えるようにしてください。大きな鏡でも良いですし、モニターで常時運転席の様子を映し出しておくことでもいいでしょう。常に見られていると思えばスマホ操作を防ぐこともできますし、居眠りなど事故を未然に防げる可能性も高まります。これをフールプルーフと呼びます。そんな視点で再発防止策を考えて下さい」

フールプルーフはすなわちフール（愚かな行為）をプルーフする（防ぐ）ということです。

顧客情報の漏洩を起こした会社の再発防止策の場合は、次のようになります。

「今後は顧客情報を二つに分離して別々に保管します。一方は氏名とコード番号。もう一つはコード番号と顧客情報。その二つを、その都度突き合わせて使用します。これなら、万が一どちらかが漏洩したとしても、大きな問題は起きなくなるでしょう。これをフェイルセーフと呼びます」

フェイルセーフはフェイル（失敗）が発生した場合のセーフ（安全策）ということです。「気の緩みを無くす」や「教育を徹底する」なんて言葉よりも論理的なので、消費者に安心感をもたらして信頼を取り戻せるでしょう。

発言の論理力も大切ですが、危機管理の推進そのものも論理的でなければなりません。すなわち、理論に基づいて段階的に進める必要があるのです。

芸能人のケースで考えてみましょう。

芸能人が問題を起こした場合は、最初に「何の危機なのか」を正確に認識しなければなりません。大きく分類するなら、

①イメージダウンの危機（ファンの減少）
②芸能人としての信用の危機（仕事の減少）

③人間としての信用の危機（廃業）

となるでしょうか。これが、〝感知〟というステップです。

お笑い芸人の宮迫博之さんは、詐欺グループの忘年会に出演したことがのちに問題になりました。正体を知らなかったとのことです。発覚直後の段階では、イメージダウンの危機に過ぎませんでした。しかし、直後に「お金は受け取ってない」と会社に苦し紛れの嘘をついた。後でバレるのは明白なのに。すなわち、展開の予測という〝解析〟のステップを飛ばしたのです。それで、芸能人としての信用の危機を招いてしまいました。

そして突然、ユーチューバーとしてのデビューを宣言。〝解毒〟というステップを飛び越して、〝再生〟のステップにチャレンジしたのです。こうなると、今度は人間として信用できるのか、という問題も生じます。

では、どのようにして育んでいけば論理力が高まるのか？　私はメーカーを中心に幅広い企業で活用されてきた、問題解決型の品質管理（ＱＣ）の手法をお勧めしたいと思います。

第1ステップ　現状の問題点やニーズの把握
第2ステップ　原因の究明
第3ステップ　対策の立案と実施
第4ステップ　効果と費用の確認
第5ステップ　残された課題の考察

この五つのステップで、職場や家庭で常に会話をする習慣をつけるのです。そうすれば、徐々に論理の組み立てを意識するようになります。最初は少し窮屈に感じますが、慣れると逆に楽になるでしょう。周囲と共通の言語を得ることになるので、会話がスムーズになり理解も速くなるからです。

〈8〉創造力

斬新な発想で新しい物事を生み出す能力のことです。次のような項目にあてはまると思う方は創造力不足にご注意ください。

□人の心に響く手紙や文章を書ける自信がない
□ファッションやインテリアなどは雑誌に載っているものを忠実に真似る
□仕事は従来通りのやり方を踏襲するほうがリスクが少ないと思う
□奇抜な服装や髪形をしている人に違和感を覚えることが多い
□物事を改善するアイデアを求められるとストレスを感じる

新型コロナのパンデミックによって、私たちは生存競争力を試されました。最も厳しい影響を受けた飲食業界でも、ウィズコロナへと方向転換できた店があります。テイクアウトやキッチンカー、ゴーストレストランやシェアキッチンです。その成功の裏には、極めて高い創造力があったのです。他者の模倣をして後から参入しても、なかなか成功できないでしょう。先駆者はマスコミに取り上げられて、アドバンテージを得るからです。

危機管理の場面でも、創造力の乏しさは足枷となります。記者会見や情報開示の場で、陳腐化した言葉しか出せないからです。

「世間をお騒がせして申し訳ありません」「誠に遺憾に思っております」「誤解を与えて

申し訳ありません」などです。コピペのような言葉の羅列では、反省している印象が全く伝わってきません。

訴訟を起こされた企業が、「裁判に関わることなので回答できない」とコメントする。警察の捜査を受けた企業が、「捜査に関わることなのでコメントは控える」と回答する。顧客情報の漏洩を起こした企業が、「個人情報に関わることなので言えない」とノーコメントを貫く。どれも、木で鼻を括った印象を与えてしまいます。

第一章でも触れましたが、裁判や捜査に関わる案件については、「私どもは裁きを受ける立場ですので、司直を尊重する立場から、回答は控えさせて頂きます」とコメントする。情報漏洩については、「情報開示することについて、被害者である顧客の皆さんの承諾を得られておりません。二重のご迷惑をおかけしないために、現段階では回答を控えさせて頂きます」とコメントする。

このように、言葉の創造力を発揮すれば、印象は大きく違ってくるでしょう。

既婚の男性芸能人の不倫が発覚したとき、たいていの人は「今後は心を入れ替えて」という再発防止策を口にします。しかし、奥さんを含めて誰も信じてくれないでしょう。

私なら「妻から離婚届けに判を押せと要求され、それに従いました。今後、少しでも怪しい兆候を見つけたら即座に役所へ提出する、と宣告されました。自業自得ですが、私は断崖絶壁の状態です」とコメントするようアドバイスします。創造力を発揮して、それなら……と思ってもらえるコメントを出すことが重要です。

では、創造力は、どのようにして育んでいけば良いのか？　前向きで白熱した議論を繰り返すことです。

人は他人と議論する場面において、「馬鹿だと思われたくない」とか「論破されたくない」と思います。それは、一人で考えている時よりも数倍の、考えるエネルギーすなわち創造力を生み出してくれるのです。それを利用しない手はありません。

弊社では希望されるクライアントとの間で、ときおり〝マラソンミーティング〟なるものを開いています。時には遠隔地に宿泊して、三時間ほど行うこともあります。そこでは、その会社の長期の課題を話し合います。「どのような新規の対策を打つべきか」などについて。あるいは、大きく報道された危機管理の他社事例を疑似体験します。「自分達なら、どんなコメントを出すだろうか」と、アイデアを出し合うのです。「法廷を尊重」とか「離婚届けに押印」などの言葉も、その場で出たものです。私が一人で考えていたら、絶対に思い浮かばなかったでしょう。本書に記載したゼミナールの内容も、疑似体験ミーティングの場面を再現したものです。

なお、弊社の〝白熱議論〟には一つだけルールがあります。「他者の意見やアイデアを決して否定せず、欠陥があると思ったら改善案を加えて同調する」というものです。たとえば、フールプルーフの改善策でご紹介した〝モニターで常時運転席の様子を映し出す〟アイデアに対して、「そんなことをしたら運転手のプライバシーが保てなくなる」という意見を言うのは厳禁です。「それは良い案だ。運転手のプライバシーを守るために、手元だけを映すようにすればもっと良いんじゃないかな」と賛同するのです。議論の腰を折って熱を下げないために。

定期的に白熱した議論をする場を設ける。そんな対策が創造力を高めてくれると信じています。

付録：危機管理の要諦

危機が襲ってきたときに、してはいけないことの一つがネット検索です。本文でも述べましたが、検索で出てくるのは失敗した企業の事例ばかりだからです。

いま迫りつつある危機をどう「感知」し、「解析」し、「解毒」するのか。その実践は、組織の担当者の皆さんの実行力にかかっています。じつは同じ危機に直面しても、担当者間の認識や考え方が異なることは珍しくありません。それ自体がさらなる危機を招くことは言うまでもないでしょう。

本書の付録として、危機管理の要諦をまとめました。141%で拡大すると、A4用紙のサイズで読むことができます。本書を読まれた皆さん方の間で、理論の再確認のためにご活用ください。

【危機管理のために開く会議全体における注意点】

☑楽観論と標準論と悲観論、三つの推論を立てたうえで、実際に起きてくる様々な事象を挙げていく。それぞれの意見を言う役を定めるのもよい。そこから、どの論が当たっているかを判断し、未来を予測して対策を練る

☑どのような対策を取っても、必ず反作用は起きる。この反作用を最小限に抑えられるように常に考え続けなければならない。いいことずくめの対策は無いと心得ること

☑次の五つの問いかけを常に意識すること

①今、自分たちは思考停止に陥っていないか。あらゆる可能性を検討しているか

②今後の展開を冷静に予想できているか。希望的観測に基づいていないか

③寄せられた助言を冷静に評価できているか。鵜呑みにしてはいないか

④古い価値観や常識で「罪」を評価していないか。軽視してはいないか。他人のせいにして済ませようとしていないか

⑤トウソウ（闘争あるいは逃走）本能に支配されていないか。問題の本質を正視しているか

☑ 次の「二つの見えにくい罪」(変化する罪、悪意なき罪) については特に注意が必要

変化する罪とは——

- 男女など性差に関すること（ジェンダー問題）
- 人権に関すること
- 猥褻な表現に関すること
- 個人情報、プライバシーに関すること
- 消費者や国民の意識とズレた発言をすること

悪意なき罪とは——

- 取引先、依頼先の過失によるトラブル
- 天災などが原因のトラブル
- 事件などに巻き込まれたことによるトラブル
- まったく新しい、過去に例のないようなトラブル

【実際の対応を考え、決める際の注意点】

☑「感知」「解析」「解毒」「再生」という四つのステップを意識して対処を考えたうえで行動する。今、自分たちはどのステップにいるかを正確に把握しなければならない

☑正しく事態を把握するうえでのチェックポイント

①現場の嘘を見逃していないか

②露見していない問題を見逃していないか

③全体像を把握しているか

④現場の細部を把握しているか。実物を見ているか

⑤一つの視点からのみ見てはいないか

⑥報告書を鵜呑みにしていないか

☑危機の性質を見極めるために、三つの要素に分解する

①「天災」か「人災」か

②自分たちは「加害者」側か「被害者」側か

③損害の対象は「人」「物」「金」「情報」のいずれか

※②に関しては、単純に二択では決められないことが多い。そのため自分（自社）が加

害者一被害者間のどのあたりにいるのか、どちらの岸により近いのか見定める必要がある。〝加被害混合〟の場合に要注意

☑内部告発などについては、事実の場合は、発信者探しよりも問題解決を優先する

☑クレームについては六種類のどれにあてはまるかを見定める

①勘違い　②ストレス発散　③良心的
④平均的　⑤厳し目　⑥法外

☑「折れる」「戦う」「かわす」「防ぐ」のどれを基本戦略に取るかを定める。その際にはこの四点をおさえる

①被害者は社会的な弱者か否か

②社会の処罰感情が高い旬な事案か否か

③自分の置かれている立場が、加害者の岸に近いか被害者の岸に近いか

④期待に反する度合いが、高いか否か

【「解毒」における注意点】

☑「解毒に徹する」という姿勢を関係者で共有する。さらに解毒の四つのステップ「反省・後悔・懺悔・贖罪」の順番を意識し、後先を間違えたり、飛ばしたりすることなく対策を打っていく

☑被害者の辿る心理は、「癒される」「腑に落ちる」「受け入れる」「忘れようとする」と進む。解決を焦らずに和解を目指す

☑当事者が複数の場合、〝合同で記者会見〟が鉄則である

☑謝罪に際しては「遺憾」「誤解」「お騒がせし」「知らなかった」「邁進する」の「イゴオシマイ」はＮＧワード

☑自分たちの謝罪がこの一〇類型に当てはまらないか、厳しくチェックする

①言い訳まじりの謝罪
②嘘や隠蔽が含まれた謝罪
③遅い謝罪
④曖昧にボカした他人事のような謝罪
⑤役者不足の謝罪
⑥足並みが揃わない謝罪
⑦詫びる相手の優先順位を間違えた謝罪
⑧時間不足の謝罪
⑨賠償が先走る謝罪
⑩処分が伴わない謝罪

☑短期的な解決で「極小のダメージを受ける」ことだけに専心すると、長期的に見れば失敗という事態もあり得ることを意識する

☑会見に際しては「Q＆A」ではなく「Q＆P（質問＆ポリシー）」を用意する。作成にあたっては、次のことに留意する

①その事案に向き合う基本姿勢を決める

②その段階で開示して問題ないと判断した情報を箇条書きにする

③その段階で開示できない情報を整理したうえで、開示しない理由をまとめる

④次に開示するタイミング、なぜそのタイミングかも含めてまとめる

⑤予期しない質問、答えに詰まる質問へのスタンスを決める

【再生における注意点】

☑「感知」「解析」「解毒」の三ステップをきちんと踏んできたか

☑次の三点を謙虚に検証する

①解毒の段階できちんと考えた再生の方法か。泥縄式に再生案を出してはいないか

②事態の沈静化を焦ってオーバーシュート、すなわち発言や行動を大げさにしていないか

③取引先などのステークホルダーへの情報提供は適切に行われているか

田中優介　1987（昭和62）年東京都生まれ。明治大学法学部卒業。セイコーウオッチ勤務後、リスク・ヘッジ入社、現在、代表取締役社長。著書に『地雷を踏むな　大人のための危機突破術』等がある。

Ⓢ新潮新書

970

その対応《たいおう》では会社《かいしゃ》が傾《かたむ》く

プロが教《おし》える危機管理《ききかんり》教室《きょうしつ》

著者　田中優介《たなかゆうすけ》

2022年10月20日　発行

発行者　佐藤隆信

発行所　株式会社 新潮社

〒162-8711　東京都新宿区矢来町71番地
編集部(03)3266-5430　読者係(03)3266-5111
https://www.shinchosha.co.jp
装幀　新潮社装幀室
図版製作　ブリュッケ

印刷所　錦明印刷株式会社
製本所　錦明印刷株式会社

ISBN978-4-10-610970-6　C0234

価格はカバーに表示してあります。